國家圖書館特藏珍品

乾隆御製稿本 西清硯譜

［第三册—第四册］

上海書畫出版社

第三册

欽定西清硯譜目錄

第三册

陶之屬

宋[illegible]詩話三[illegible]

宋沈[illegible]

宋[illegible]

宋[illegible]

宋[illegible]

第二冊

[illegible]自編

宋宣和澄泥硯正面圖

繪圖十分之六

宋宣和澄泥硯說

硯高八寸寬五寸八分厚八分宋時澄泥製硯面正平受墨處刻瓶式即以瓶口為墨池深三分瓶式邊線皆作細絢紋瓶耳刻作螭虎形右角刻鈌四周俱有土蝕痕硯背覆手刻作圭式中鐫宣和二字篆書上方鐫

御題七言律詩一首行書鈐寶一曰乾隆御賞匣蓋並鐫御題詩隸書鈐寶二曰乾隆宸翰曰惟精惟一左

二

乾隆御賞下直接左方至上乘云云然後接云匣蓋鐫
御詩与硯同隸書鐫寶二曰乾隆宸翰曰惟精惟一
已改　照簽改

宋宣和澄泥硯說

宋宣和澄泥[illegible]硯

御製題宋宣和澄泥硯

澄泥貢硯識宣和小篆分明泐未磨撫不手留質古玉
瞇教心澹色春波出陶底異銅臺瓦受墨偏宜棐几娥

温室餘閒常命什勑幾惟覺慚賡歌

臣蔣溥詩　幾度叢臺漉水和流傳古質未消磨

西清識篆猶青汗東壁分牋自衍波半沿春泉宜

靜友一圭賸玉薦雲娥

宸章燦處烟光濕不數端州石硯歌

三

際好千秋長得奉

宸歌

臣劉統勳詩　以陶代石土膏和宋製流傳妙琢

磨金錫同堅留古暈蚌珠比潤泣微波試來蒼璧

浮星彩浴向清池映月娥長佐揮毫

天藻麗紫雲舊句漫成歌

四

宋張栻寫經澄泥硯正面圖

宋[illegible]圖

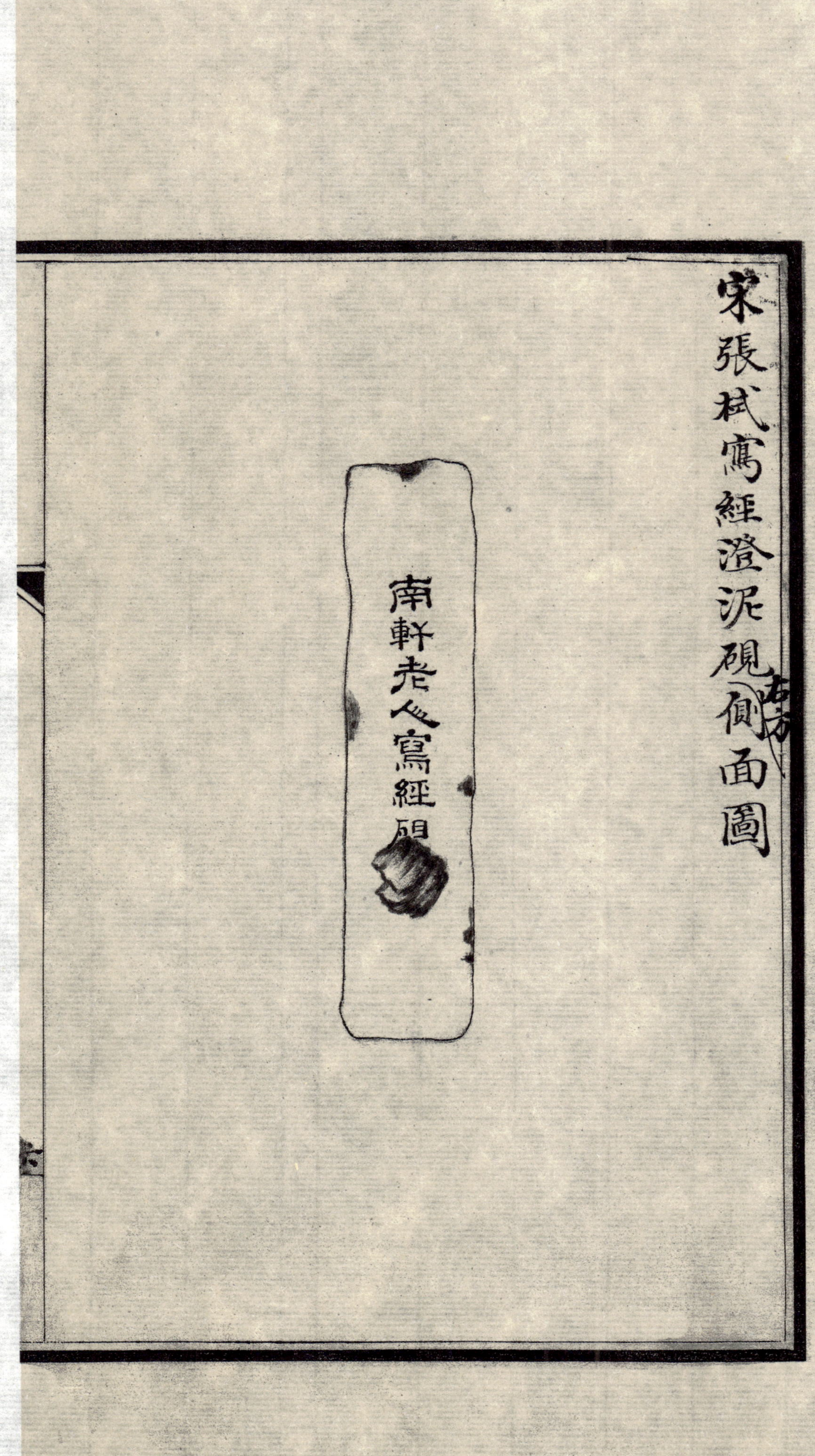
宋張栻寫經澄泥硯側面圖
南軒老人寫經硯

並鐫是詩隸書鈐寶一曰德充符考宋張栻字敬夫浚子以廕入官仕終右文殿修撰提舉武夷山沖佑觀學者稱爲南軒先生是硯當即其著述時所用也匣蓋鐫

御製詩與硯同鐫隸書鈐寶一曰德充符

七

御製題宋張栻寫經澄泥硯

南軒曽是友龍賔師事胡宏授受真治郡立朝多實踐空言道學豈其人

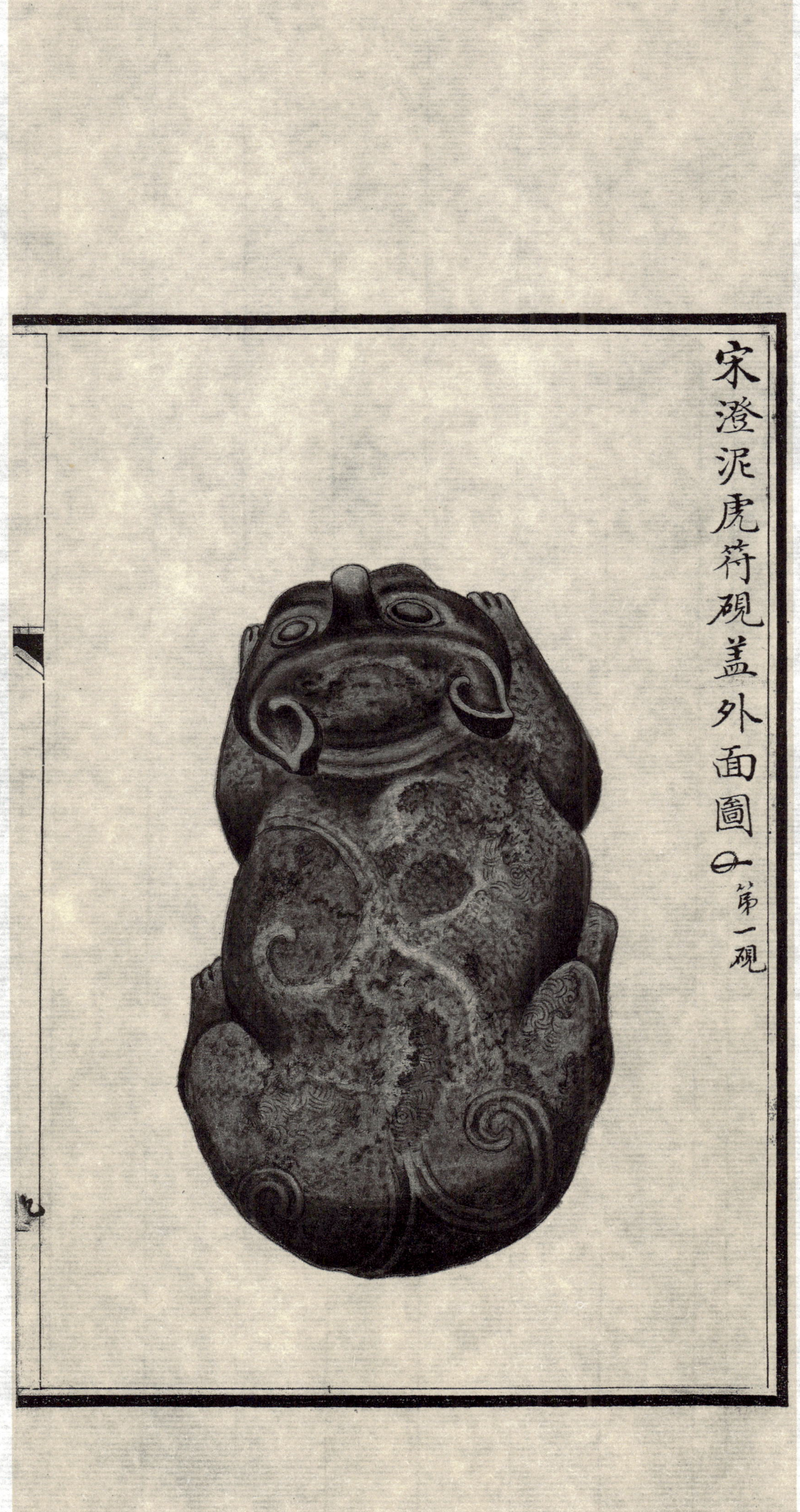

宋澄泥虎符硯蓋外面圖　第一硯

宋澄泥虎符硯正面圖

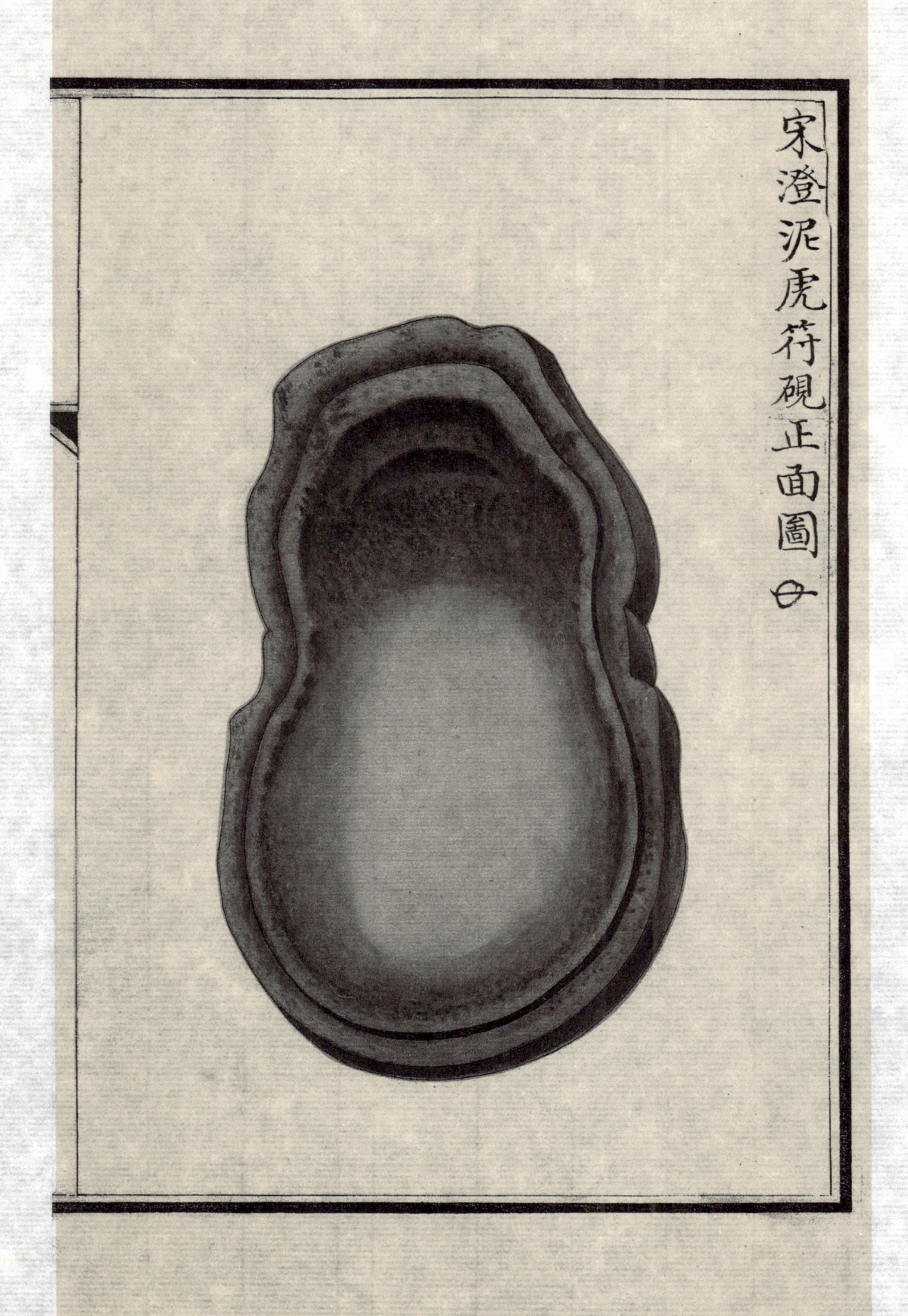

宋澄泥虎符硯說 廿

硯高四寸五分上寬二寸四分下寬二寸七分厚一寸五分澄泥為之式同漢甎虎伏硯而背有旋紋自左上方斜帶右股遍體青緑駁蝕中尚露雷紋幾處細如金錯墨池如偃月受墨處色淡而潤墨鏽濃厚砂斑點點底刻虎符二字篆書符字為青緑所蝕幾不可辨而右寸字尚存彷彿蓋内鐫

御題銘一首楷書鈐寶二曰古香曰太璞匣蓋内並鐫

宋澄泥虎符硯說

硯高四寸五分上寬二寸四分下寬二寸七分厚一寸

五分澄泥為之式同漢虎符硯面背有黃紋自

左上方斜帶古服通體青綠斑駁中露雷紋錢

硯紹如金錯墨池如偃月受墨處已深而潤墨鋒

澄泥研殊黝質刻虎符二字篆書符字右為青綠殘

所鐫幾不可辨而右十字略存信符無疑鑑

御題銘一首楷書鈐寶二曰古香曰太璞匣蓋亦並鐫

御製宋澄泥虎符硯銘（一）

聞之說命事須師古也物豈不然於硯尤宜斯語也宋代澄泥其形為伏虎也小篆曰符蓋以用於軍旅也磨盾伊誰爰乃成其露布也觀象玩占我則念失單之九五也自新新民應天順人之矩也古色斑斕文房朝夕與處也曰金曰石無不可也世間萬物曷莫不生於土也

宋澄泥虎符硯蓋外面圖 第二硯

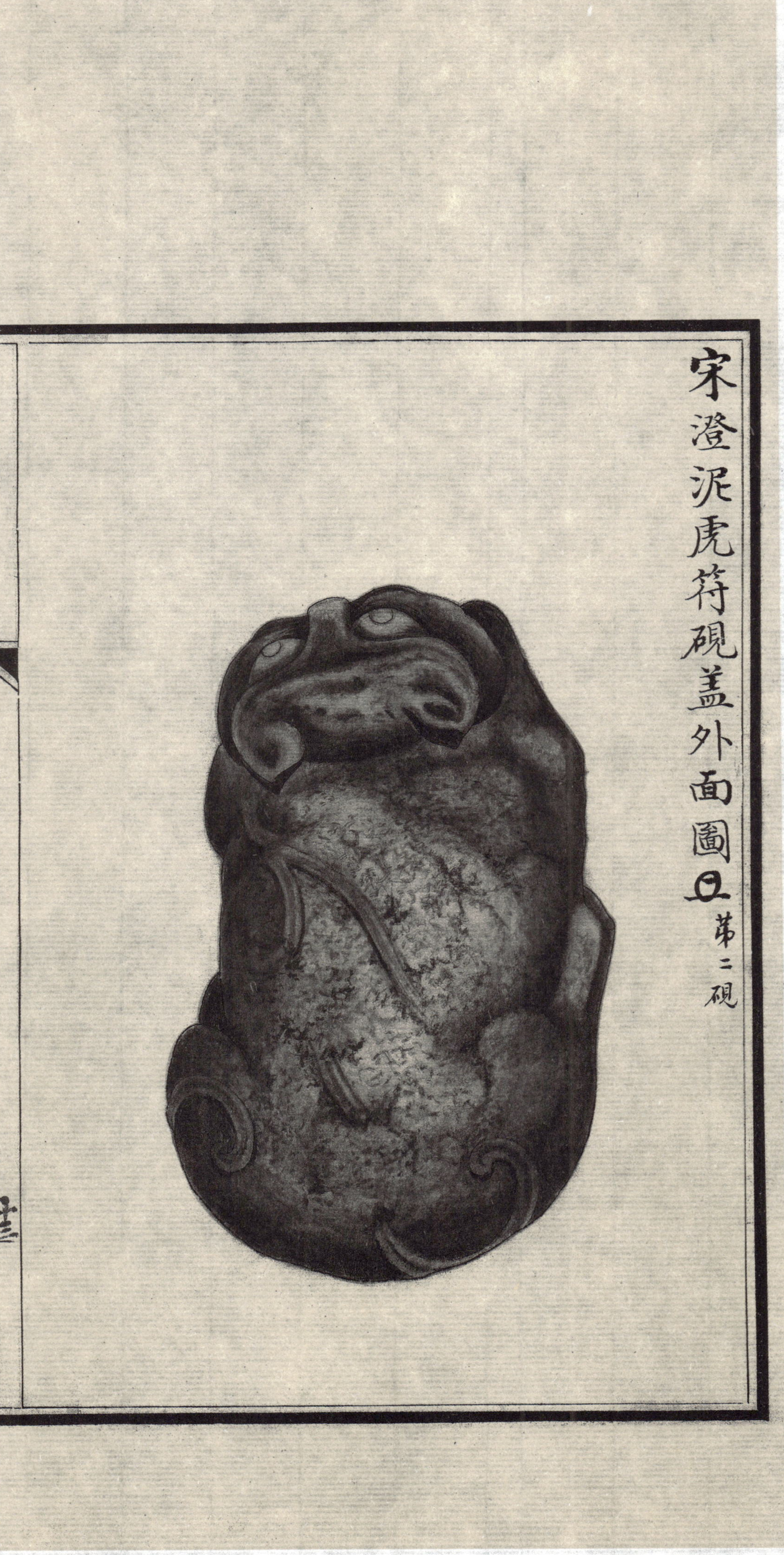

宋澄泥虎符硯正面圖

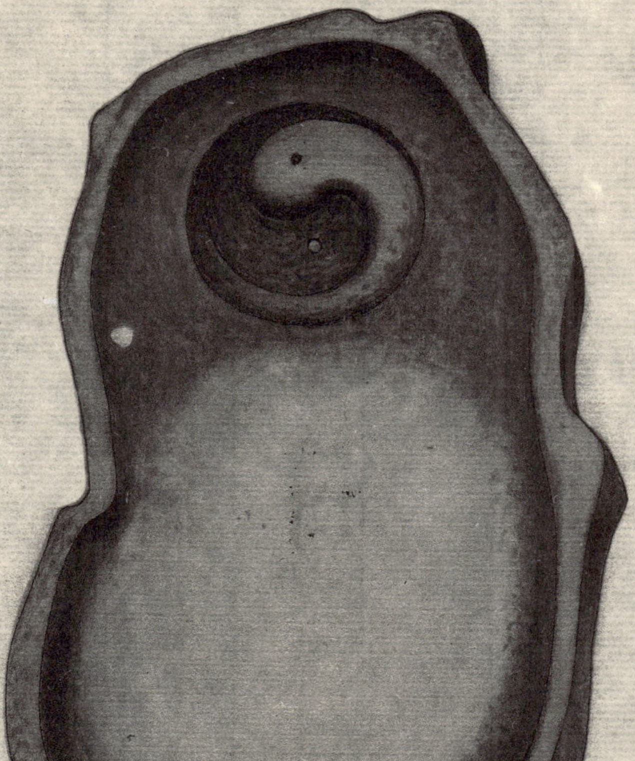

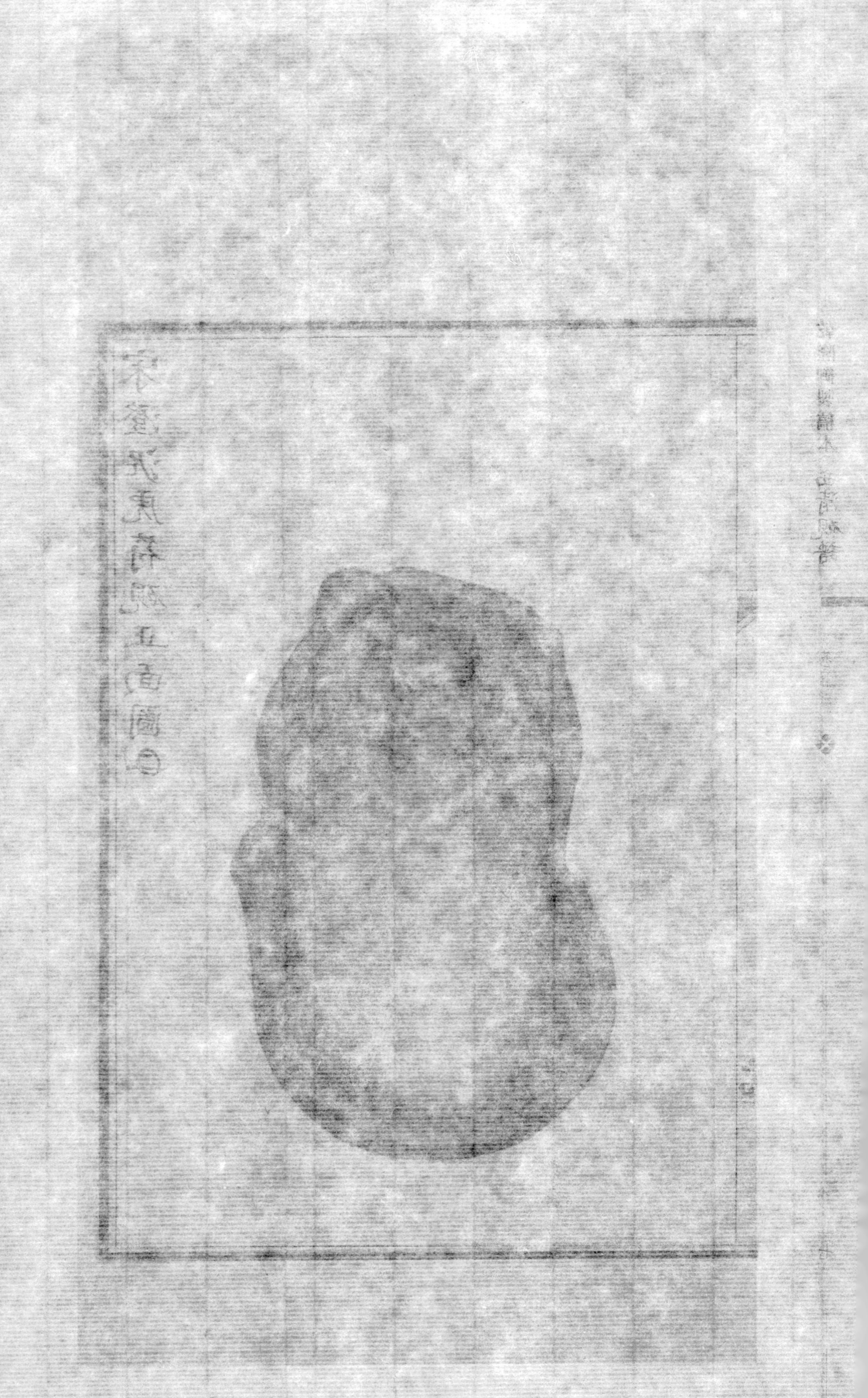

宋澄泥虎符硯說

硯高四寸三分上寬二寸三分下寬三寸一分厚約一寸四分許澄泥宋製亦與前同而質稍紫硯蓋虎頭徽小旋紋微糢糊受墨處橢圓墨池亦作太極圖式底鐫虎符二字篆書蓋内鐫

御題銘一首楷書鈐寶二曰會心不遠曰德充符匣蓋内並鐫是銘隸書鈐寶二曰比德曰朗潤

十五

宋澄泥虎符硯說

硯高四寸三分上寬二寸三分下寬三寸一分厚

約一寸四分許澄泥[illegible]

[illegible]

[illegible]虎符三字篆書[illegible]

御[illegible]銘一首楷書鈐寶二曰會心不遠曰德充符

[illegible]

御製題宋澄泥虎符硯

式為兵符形似虎意寓炳文濟其武坡云磨甕可供書

奚必陶泓稡爾許

十三

宋澄泥虎符硯蓋外面圖且

第三硯

宋蘇軾從星硯上面圖 匣[illegible]

宋澄泥虎符硯正面圖旦

宋澄泥虎符硯側面圖五

十九

篆書亦無欵硯面邊周鐫

御題銘一首篆書鈐寶一曰乾隆匣蓋内並鐫是銘鈐

寶二曰幾暇怡情曰得佳趣

隷書

二十

寶二曰幾暇怡情曰得佳趣

御題銘一首隸書鈐寶一曰乾隆宸翰匣蓋並鐫是銘隸書

[illegible]書[illegible]曰[illegible]鑑

御製宋澄泥虎符硯銘五

貎其金質其土象虎符詰戎旅彰斯文濟彼武草露布是資汝

宋澄泥虎符硯盖外面圖四 第四硯

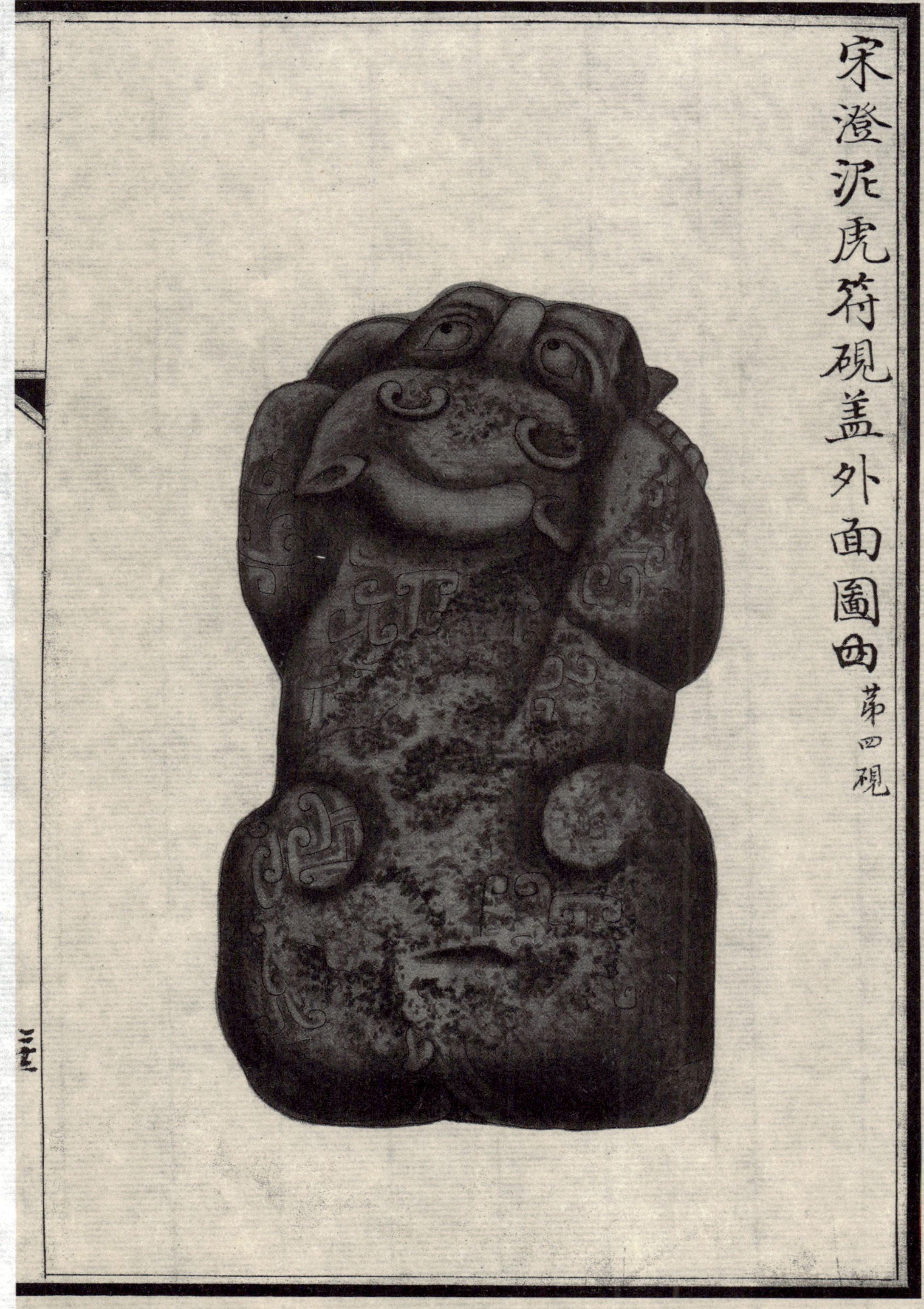

二十五

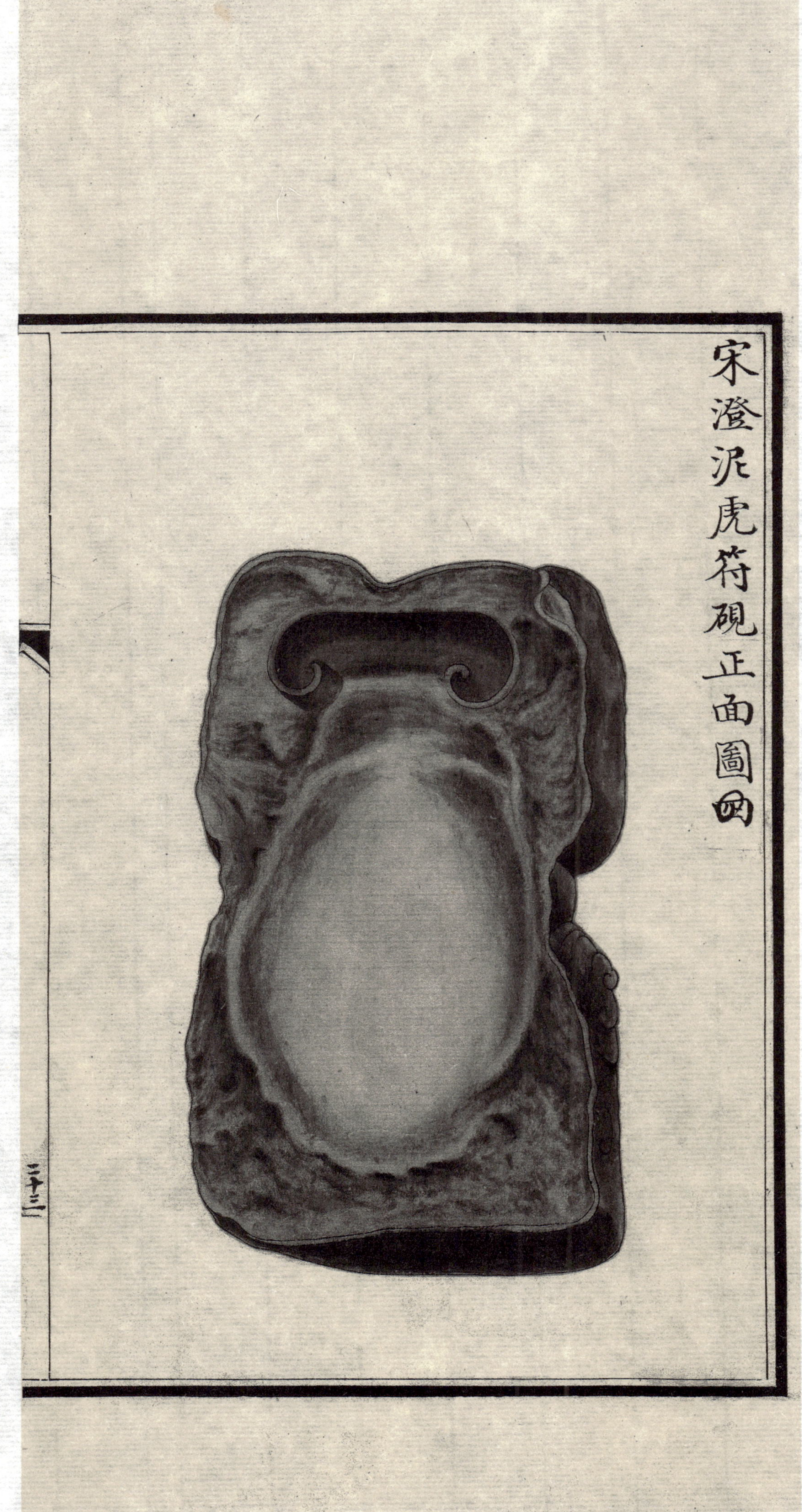
宋澄泥虎符硯正面圖四
二十三

宋澄泥虎符硯説四

硯高四寸四分上寬二寸五分下如之厚寸五分許亦澄泥宋製與前同而色淡黄形體畧方硯蓋虎頭亦方而右頤遍體皆臥蠶紋微有剥落硯面及蓋合縫處亦多剥落硯池作如意式下覆底全剥蝕無虎足跧伏形蓋内鐫

御題銘一首篆書鈐寶二曰乾隆匣蓋内並鐫是銘（隸書）鈐寶一曰德充符

二十四

御製宋澄泥虎符硯銘四

汾州舊製囊沙灣是陶是冶良工整如金如石為用靜大人虎變其文炳自新新民吾廳省

二十五

宋澄泥石甾硯蓋外面圖

繪圖十分之八

第一硯

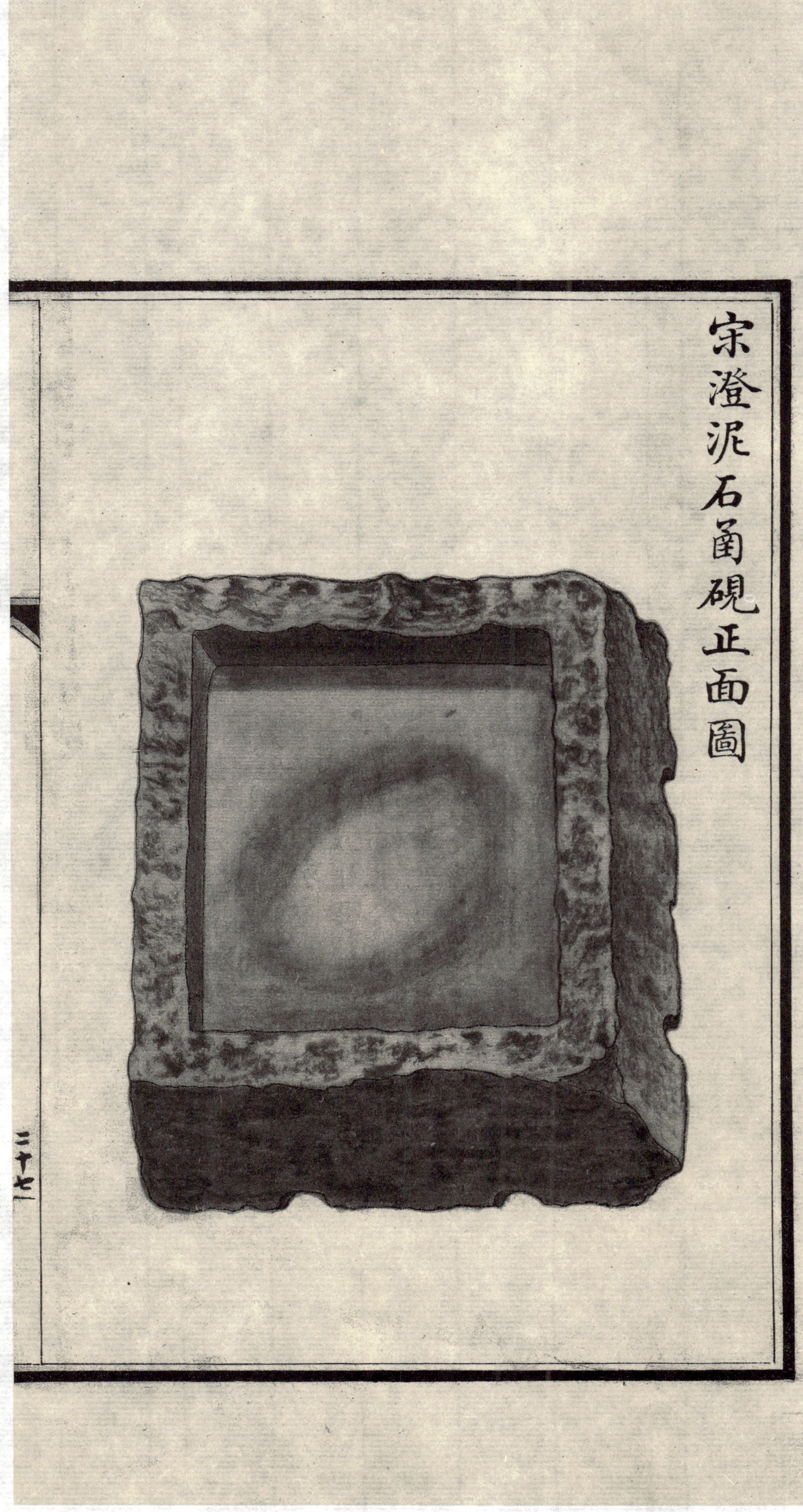
宋澄泥石函硯正面圖
二十七

宋搨元石鼓第五石圖

宋澄泥石函硯左方側面圖

二十八

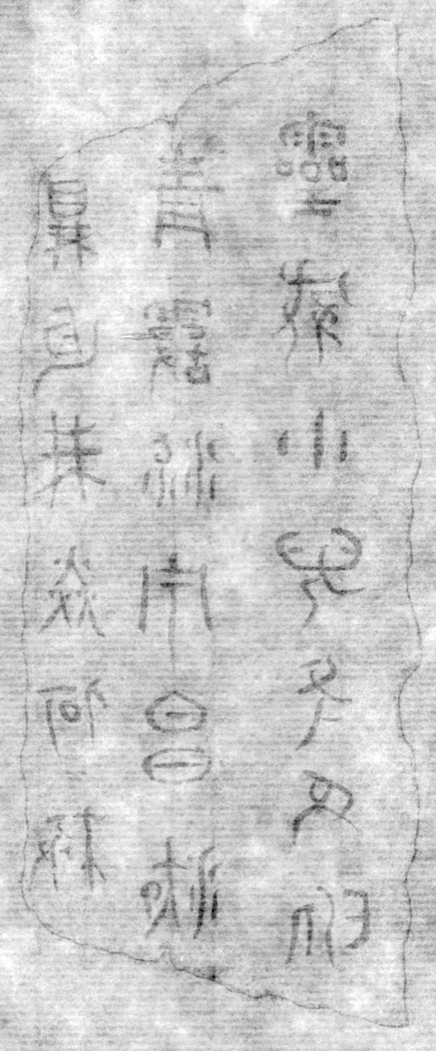

宣德泥石函硯之又側面圖

底蓋合縫處鐫銘十九字篆書無款匣蓋鐫

御題銘與硯同隸書鈐寶一曰會心不遠

匣蓋合鐫[illegible][illegible]銘十八字篆書與[illegible]田黃[illegible]

御題銘與硯同隸書鈐寶一曰會心不遠

御製宋澄泥石函硯銘

絳州泥誰為澄端溪石誰為形泥而石非所料石而泥非所較一而二二而一水為入墨為出背畫井思復古也面磨凹不可補也經世修身宜思何以自處也

無名人銘　鼎逌井焱何極青霞流貯菖液靈威小兒在汝側

三十一

宋澄泥石函硯蓋外面圖

第二硯

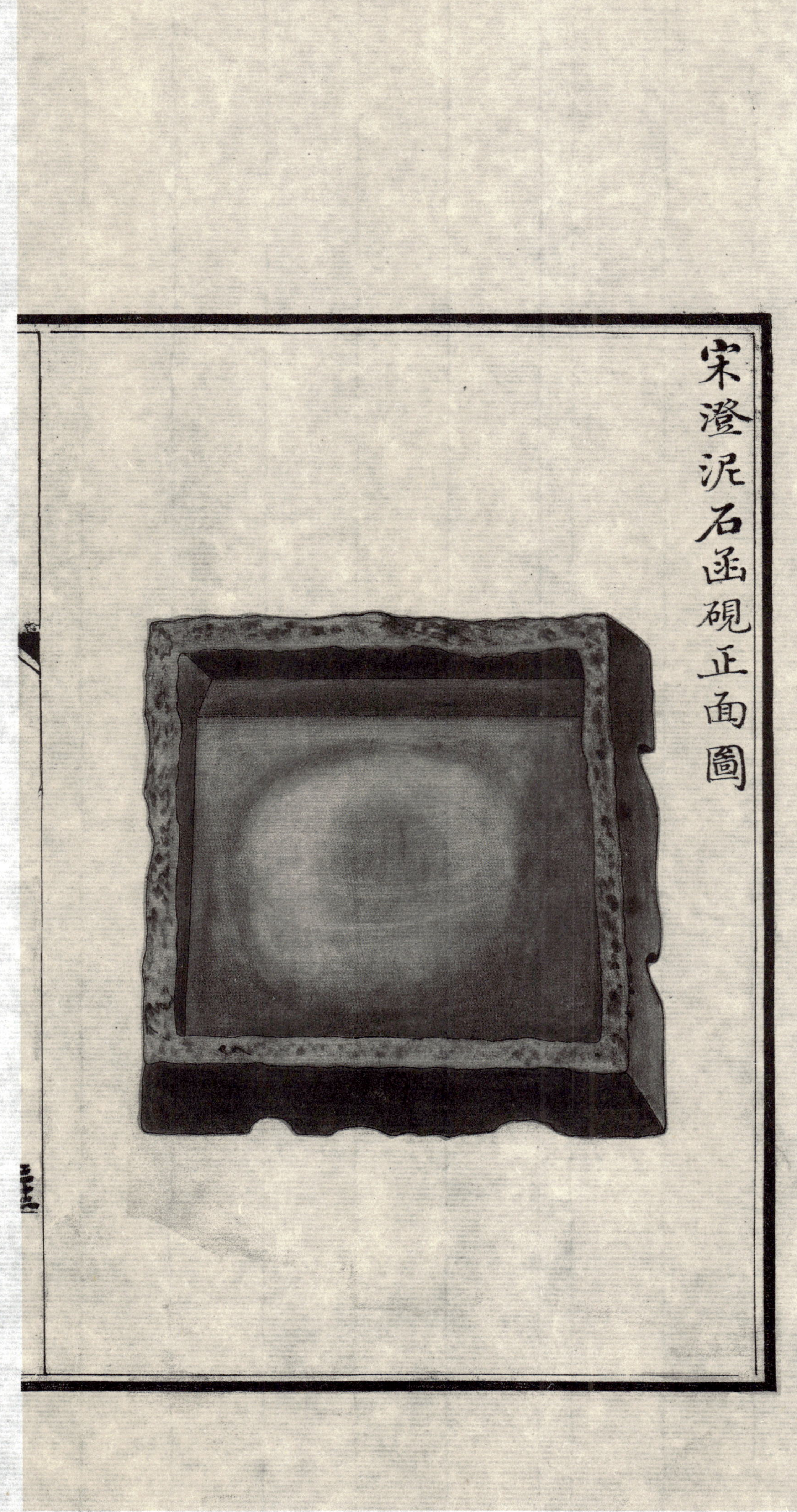
宋澄泥石函硯正面圖

宋澄泥石函硯左右側面圖

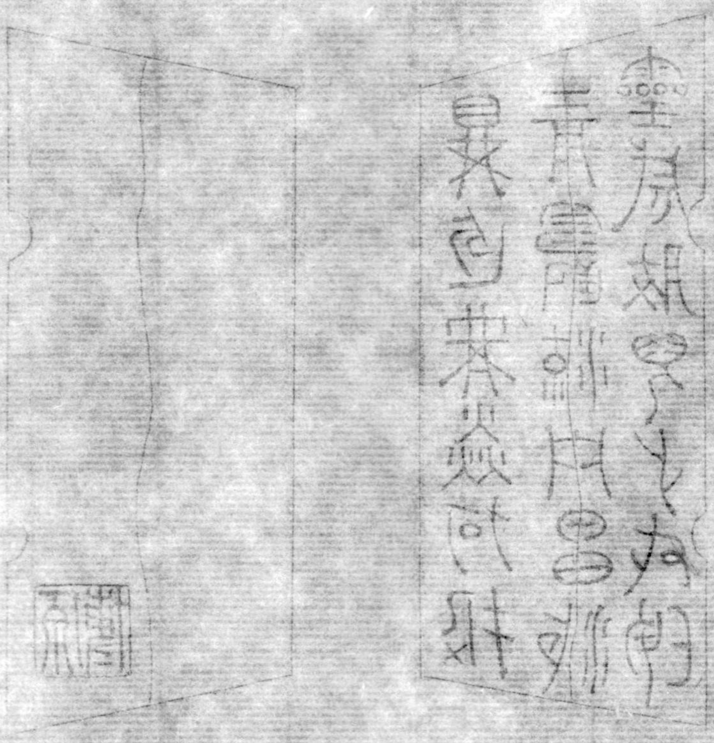

[illegible]

一下函背刻作井字形中圓如井口是硯質細而
潤製作亦古與前石函硯式相仿惟此銘内朕字
我字彼作小字汝字稍異耳亦不署名不知何人
作原博係明吴寬字想曾經鑒用者匣蓋鐫
御題銘與硯同隸書鈐寶一曰幾暇怡情

三十四

御製宋澄泥石函硯銘

石函同舊具體而微銘辭復同孰辨是非乾坤闢闔無縫天衣泥而成石殊途同歸文以載道事在人為

無名人銘　鼎逌井焱何極青霞流貯昌液靈域肷兒在我側

宋澄泥石函硯蓋外面圖

繪圖十分之八

第三硯

宋澄泥石函硯正面圖

宋澄泥石渠硯正面圖

宋澄泥石函硯左方側面圖

斐我吉英助我寫
筆德百十年且久
月日
寬

署宧光二字款行書首有片雲二字橢圓印一末有凡夫二字方印一考明趙宧光蘇州人號凡夫隱寒山工篆書是硯較前二硯土質稍粗似遜一籌而製式相同且經凡夫鑒藏亦可寶也匣蓋鐫

御題銘與硯同隸書鈐寶一曰古香

二十九

御製宋澄泥石函硯銘

瓦以漢稱遠或偽成泥以宋澄近而可徵逮茲其三石

函製同寓法化報三身義精況鈴凡夫寒山用經憶彼

隱處我曾偶停片雲之軒水綠山青想其揮豪益助性

靈而何貴然懋勤是登擬詢陶泓何以貢情

趙宧光銘　　　　　　發我元䆗光助我靈筆傳百十世壽永

月日

宋翠濤硯正面圖　繪圖十分之八

宋翠濤硯側面圖

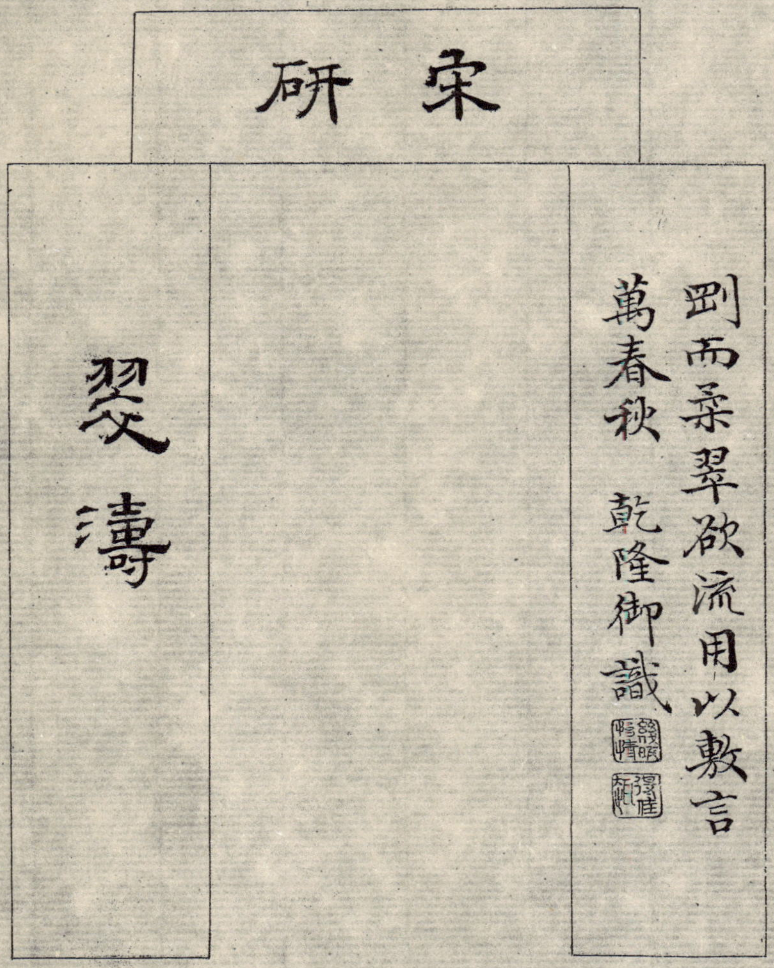

宋研

剄西桑翠欲流用以數言
萬春秋　乾隆御識

幾暇怡情　得佳趣

翠濤

四十二

御題銘與硯同鈐寶一曰乾隆宸翰上鈐寶一曰乾隆

内鐫宋硯二字匣底内鐫翠濤二字俱隸書外鐫

標識曰庚楷書

謹語口油楷書

已經宋賜三字亘成內鑑等三字俱藏書鈐

御題錢與同鈐寶一曰乾隆宸翰上鈐寶一曰乾隆

御製宋翠濤硯銘

剛而柔翠欲流用以敷言萬春秋

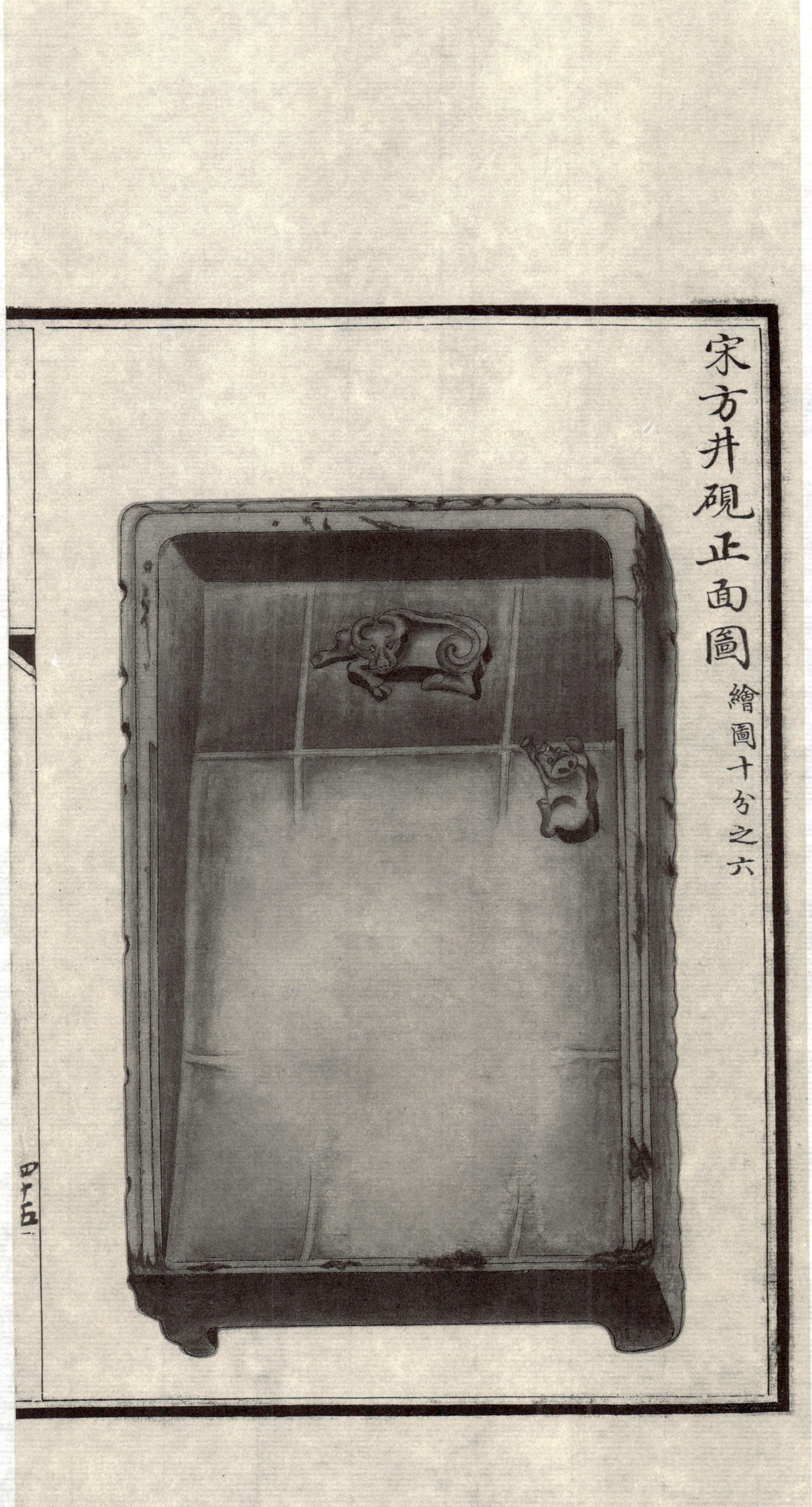
宋方井硯正面圖
繪圖十分之六
四十五

宋方井硯側面圖

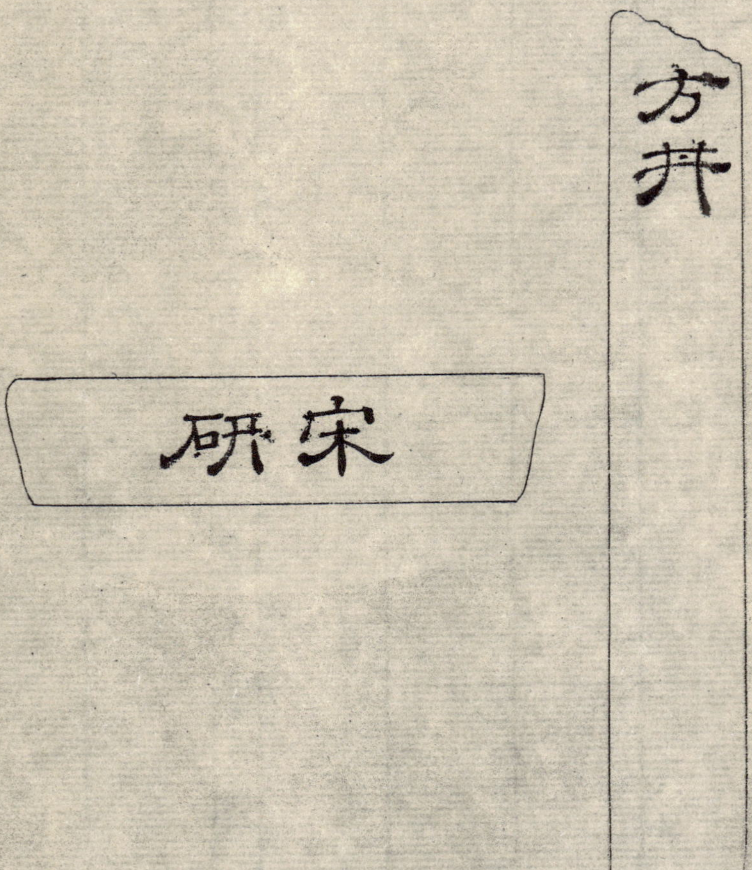

方井

宋研

四十六

御題銘與硯同行書鈐寶二曰得佳趣曰乾隆宸翰匣底内鐫方井二字隸書鈐寶一曰乾隆御玩外鐫標識曰壬楷書

四十七

藏識曰土拓書

右內鐫大卉二十字隸書鈐寶一曰乾隆御玩外鐫

御題銘與硯同行書鈐寶二曰[illegible]曰乾隆宸翰

御製宋方井硯銘

冽寒泉潤嘉頴立體於靜福田斯永養而不窮者井也

第四册

欽定西清硯譜目録

此行低一格寫

○第四冊○

此行移在上行冊字下空一格寫

陶之屬

此下皆低二格寫

宋澄泥海嶽硯正面圖
繪圖十分之八
欽定西清硯譜

宋[illegible]

宋澄泥海嶽硯側面圖

出陶雖非未央瓦亦自七百年上下視之如石黝而潘持其輕呵潤真泥也澄於絳縣紗囊者化脆為堅信神治海嶽菴中老顛把書畫趨凡似誠寡何來文房佚儒雅用緗伊人率欲拾

乾隆御題

二

御製題宋澄泥海嶽硯

出陶雖非未央瓦亦自七百年上下視之如石黝而赭持輕呵潤真泥也澄於絳縣紗囊者化脆爲堅信神治海嶽菴中老顛把書畫超凡似誠寡何來文房佐儒雅用緬伊人率欲捨

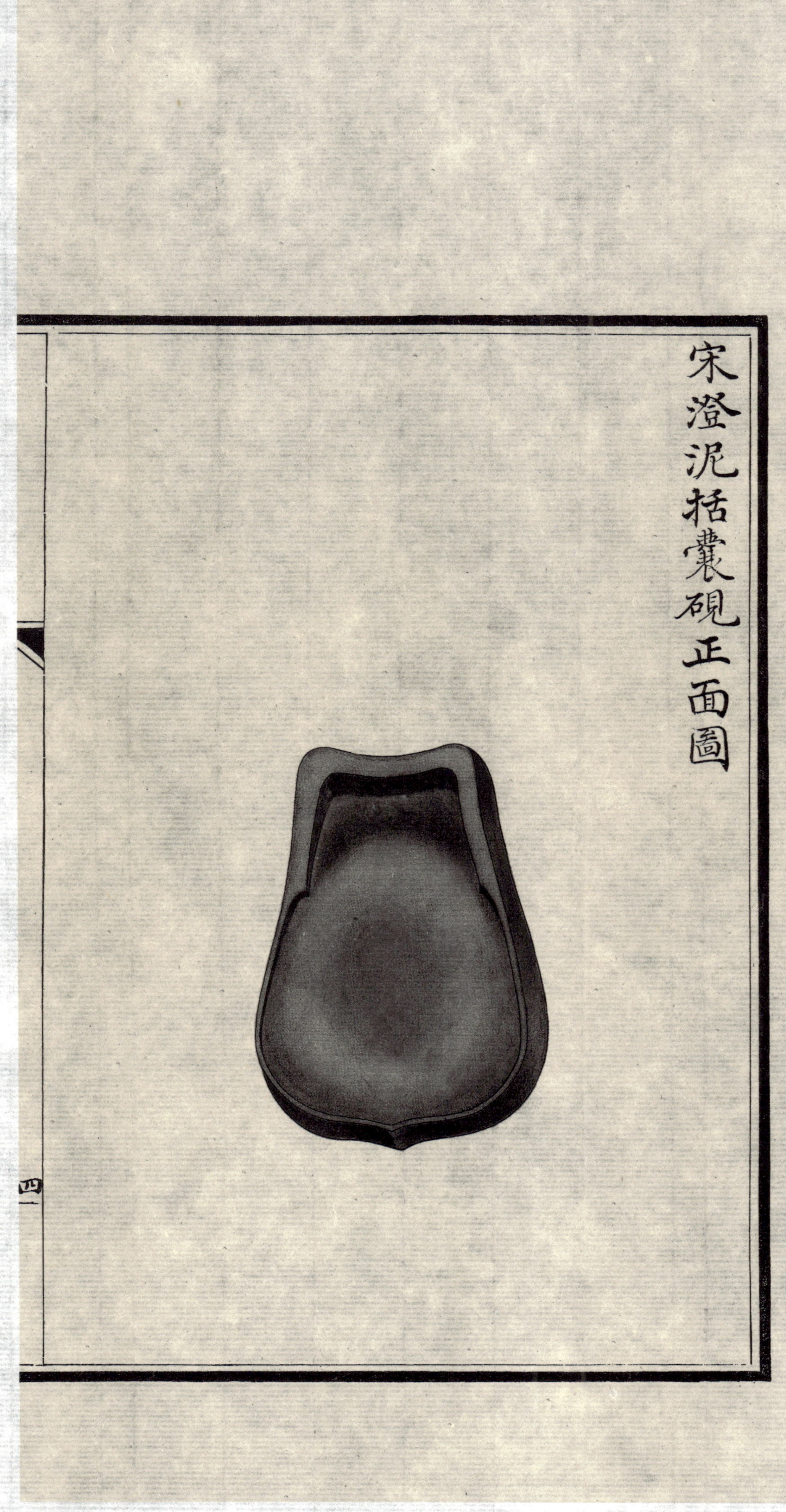

宋澄泥括囊硯正面圖

宋澄泥括囊硯正面圖

宋澄泥括囊硯側面圖

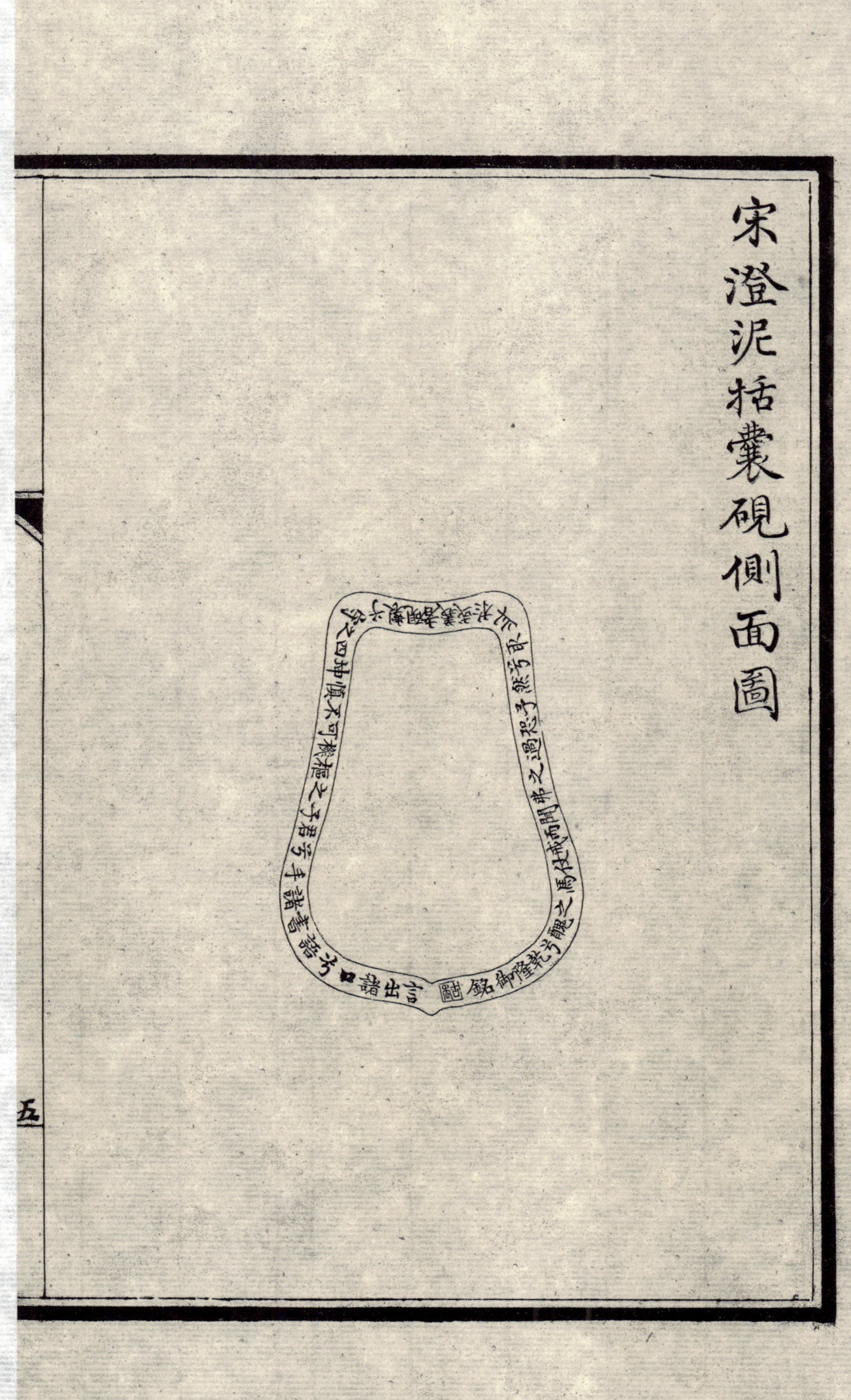

宋澄泥括囊硯側面圖

御製宋澄泥括囊硯銘

言出諸口兮語書諸手兮君子之樞機可不慎坤四之守兮製硯者義或於此取兮朕予恐過之弗聞而戒仗馬之醜兮

六

宋四螭澄泥硯正面圖

繪圖十分之六

七

宋四螭澄泥硯硯首上方側面圖

宋四螭澄泥硯

能匣蓋鐫

御題銘與硯同隸書鈐寶二曰幾暇怡情曰得佳趣匣

底内鐫乾隆御用四字外鐫宋四螭澄泥研六字

並隸書

御製宋四螭澄泥硯銘

絳縣秀質琢為八方具有卦義畫肇羲皇文字之始孰尚乎此研製澄泥静用久矣穆如其古郁若其文四螭遊池蜿蜿蝹蝹外泥斯銅内泥斯石識泥於何餘兹墨汁文房雅友憬然以思數百年前用者伊誰

十

宋澄泥圭硯正面圖

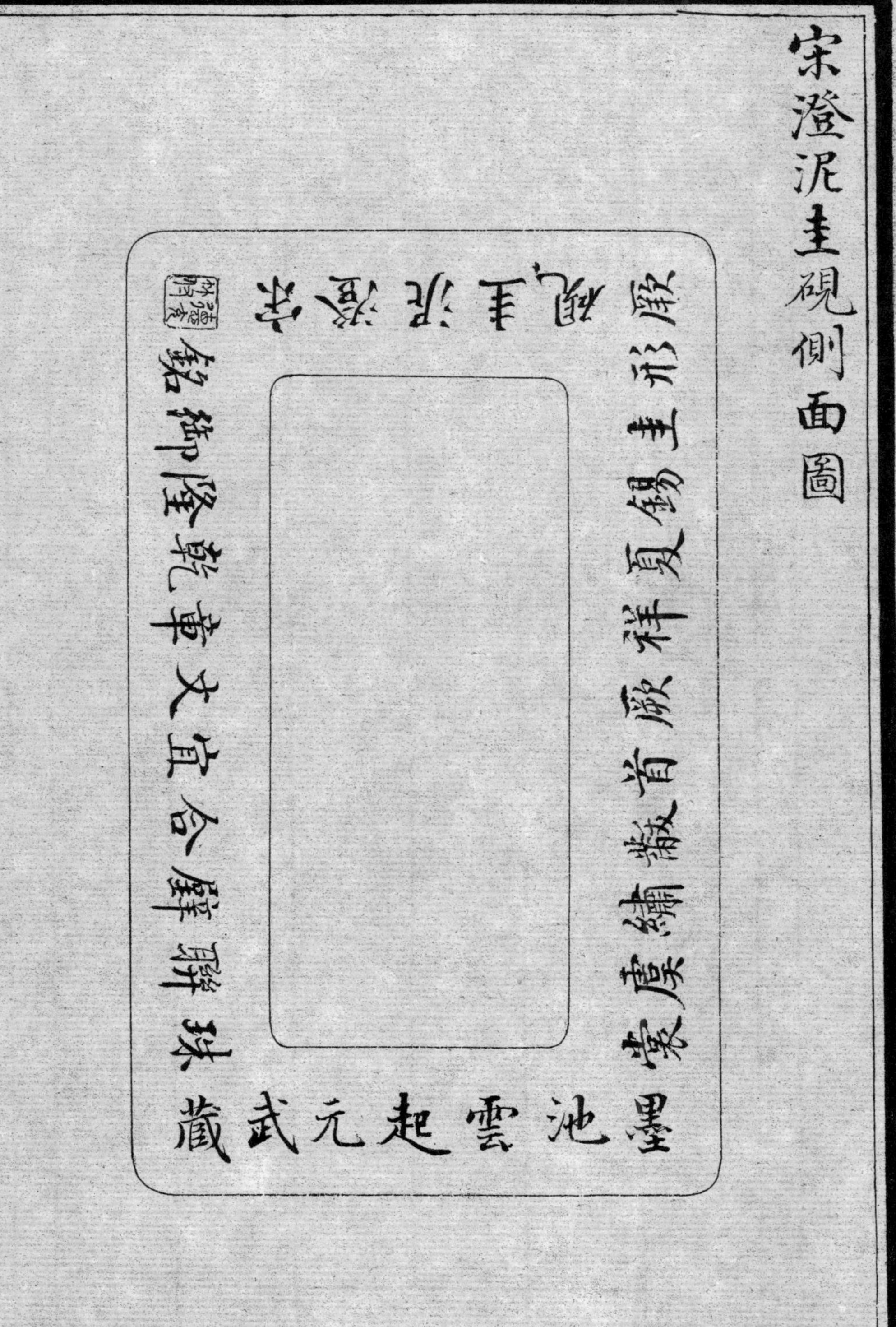
宋澄泥圭硯側面圖
宋澄泥圭硯
厥形圭錫夏祥厥肖黻繡虞襄
墨池雲起元武藏
珠聯璧合宜文章
乾隆御銘
十二

御題銘與硯同鈐寶二曰幾暇怡情曰得佳趣匣底内鐫乾隆

御玩四字下鐫宋澄泥圭硯五字俱隸書

十三

御製宋澄泥圭硯銘

厥形圭錫夏祥厥首𠑽緣雲裳墨池雲起元武藏珠聯

璧合宜文章

十四

[illegible]

[illegible]

[illegible]

宋澄泥石渠硯正面圖
繪圖十分之八
十五

[illegible]

宋澄泥石渠硯說

硯高四寸五分寬二寸九分厚一寸三分宋澄泥製長方式色紫而細體輕而澤硯面周刻石渠為墨池墨鏽深裏邊周刻卧蠶紋側面左右各印螭虎二上下各印螭虎一蹲為象首抱硯離几四分許覆手窪下凡二層中鐫

御題詩一首楷書鈐寶二曰古香曰太璞匣蓋並鐫是詩隸書鈐寶二曰幾暇怡情曰得佳趣

御製題宋澄泥石渠硯

石渠本效漢名為滴露研朱此合宜不必劉楊徵往事

可知庚許有新詞劃金早是泯陳迹刻獸亦非出近時

曾傍宣和工字畫如何獨昧作君師

十七

宋澄泥黼黻絢紋硯正面圖

錯訂
宜移在後一頁之下

宋澄泥黼黻綯紋硯說

硯高四寸四分寬二寸七分厚五分宋澄泥製通體剝蝕上方刻黼黻紋漫漶幾不可辨硯邉周刻綯紋墨鏽深厚硯背鐫

御題銘一首楷書鈐寶二曰比德曰朗潤是硯製作既雅閱歲復久彌覺古香可挹匣蓋鐫

御題銘與硯同隸書鈐寶二曰會心不遠曰德充符

御選銘與硯同棄書銘寶三日會不遠日德者存

維硯亦復又彌覺古香可挹四美具備

御選銘一首楷書銘寶二日比德曰明潤是硯堅致作朗

端紋墨鋒深與硯相稱

識刻於硯上方說將紋益深淺幾不可辨是墨跡固宜

硯高四寸四分寬三寸七分厚五分宋澄泥蟾蜍

宋澄泥蟾蜍紋硯說

御製宋澄泥黼黻綯紋硯銘

宋代澄泥豈曾藏王氏文筵綯紋黼黻又幾成乎宣和之年爾時豐亨豫大以飾太平用致金源之烽烟時移世變而陶泓如故曾無變遷以靜為用有如是焉

二十

宋澄泥蕉葉硯正面圖

繪圖十分之七

二十二

宋公我葉典與五百圖 略圖十分之七

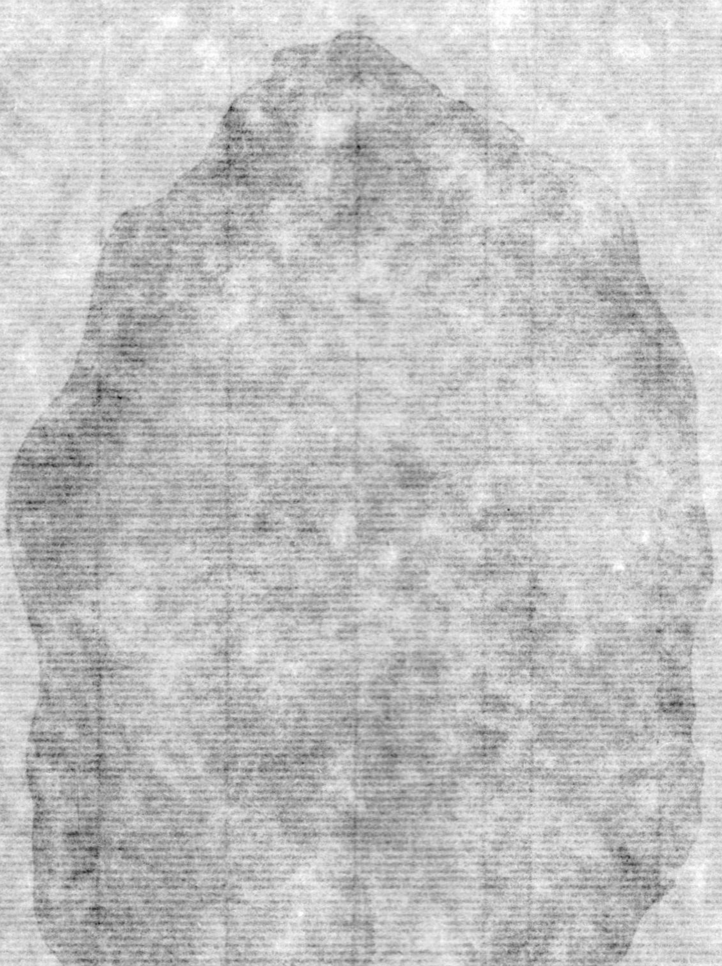

宋澄泥蕉葉硯說

硯高六寸六分寬四寸四分厚五分許宋澄泥製如蕉葉仰展面凹聚墨柄下稍出四周邊稜卷處微刻葉紋環鐫

御題詩一首楷書鈐寶一曰比德背刻蕉葉背面三層疊起鉤勒古雅通體斑駁墨鏽濃厚的是宋製佳品匣蓋鐫

御題詩與硯同隸書鈐寶二曰幾暇怡情曰得佳趣

御製題宋澄泥蕉葉硯

庫貯懋勤閱歲時幾曾綈几一陳之豈無遺者聊令檢

遂有責如屢得奇囊異李郎紫雲劃菴疑懷士綠天披

珊瑚筆架琉璃匣彼所知哉斯豈知

二十三

宋澄泥蟠螭硯正面圖

繪圖十分之八

二十四

宋澄泥蟠螭硯側面圖

乾隆戊戌御銘

幾暇臨池

囊汾水之土乎

規南皮之瓦乎是何質堅而色古乎扣之鏗然如戛金石其徐韻悠

揚文如琴瑟之搏拊于蟠以文螭有若蛟龍之

興雲雨乎研乎研乎供奉懋勤渙汴其大雜渙王居庶幾无咎乎

二十五

[illegible]

御製宋澄泥蟠螭硯銘

囊汾水之土乎規南皮之瓦乎是何質堅而色古乎扣之鏗然如戛金石具徐韻悠揚又如琴瑟之搏拊乎蟠以文螭有若蛟龍之興雲雨乎研乎研乎供奉懋勤涣汗其大號涣王居庶幾无咎乎

宋澄泥夔紋硯說

硯高四寸六分寬三寸厚八分澄泥爲之長方式

受墨處寬平斜通墨池邊刻夔紋右角及邊微泐

覆手上淺下深中鐫

御題銘一首楷書鈐寶二曰會心不遠曰德充符是硯

黄色細潤夔紋古雅的係宋時舊製匣盖鐫

御題銘與硯同隸書鈐寶二曰幾暇怡情曰得佳趣

御製宋澄泥夔紋硯銘

撫如石呵生津黄其色夔其文夔者夔也吾因以緬舜

命教胄子之為也

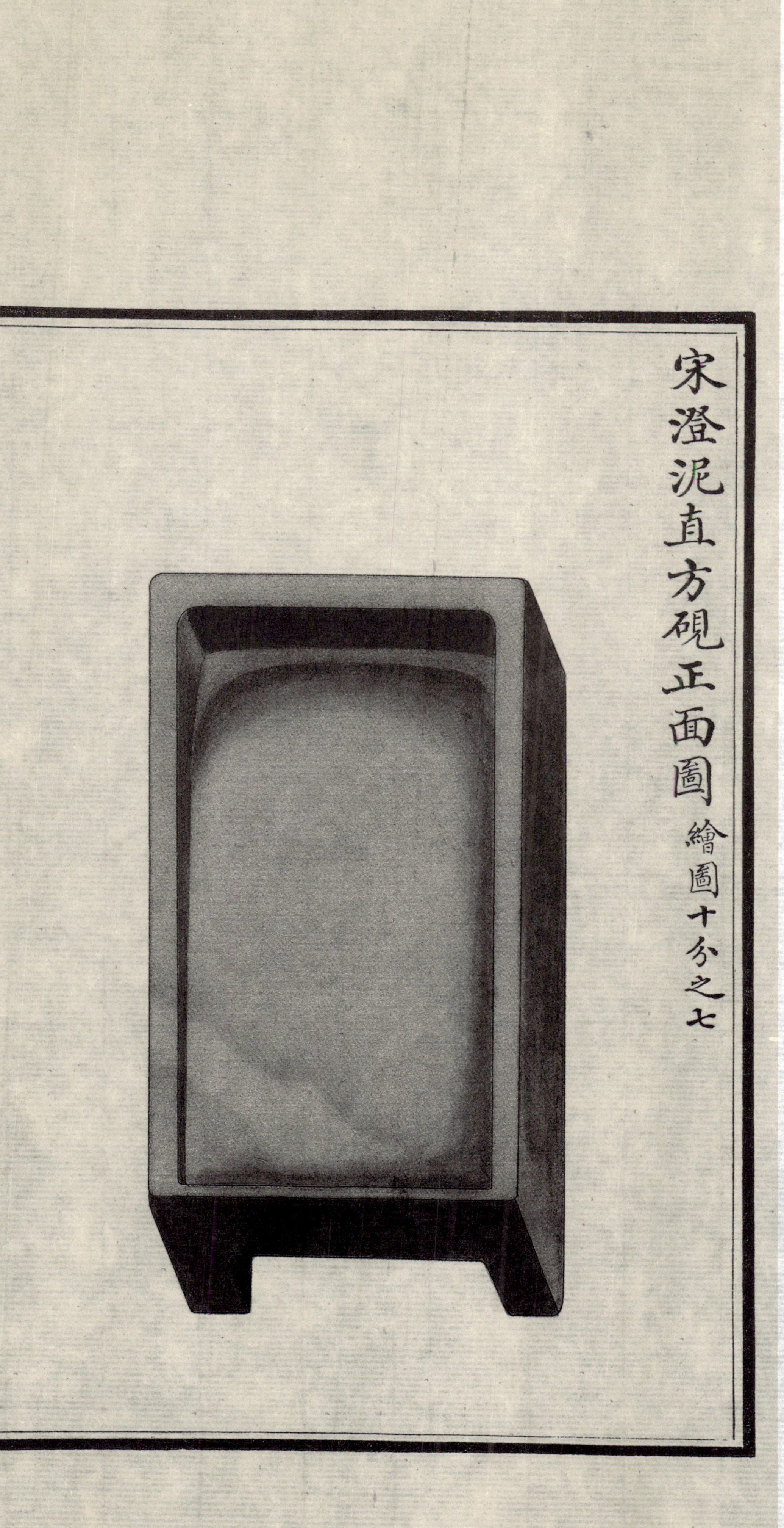
宋澄泥直方硯正面圖
繪圖十分之七
三十

宋澄泥直方硯正面圖 縮圖十分之八

宋澄泥直方硯說

硯高五寸四分寬三寸二分厚一寸宋澄泥製色黝而紫堅潤如老坑端石硯面微黄墨池深廣覆手自上削下離几五分許中鐫

御題銘一首楷書鈐寶二曰幾暇怡情曰得佳趣匣蓋並鐫是銘隸書鈐寶二曰乾隆考宋高似孫硯箋稱澄泥硯唐時以絳州為冣宋時澤州呂老尤擅長硯輒有一呂字背面深透磨之不去是硯細膩

又硯款有一品字作西清書庫之寶又見細簾
論澄泥硯唐時以絳州爲最宋時澤州呂老九壇
並鐫是銘隸書鈐寶二曰乾隆宸翰[illegible]
御題銘一首楷書鈐寶二曰幾暇怡情曰得佳趣匣蓋
分白上刻下離几五分許中龜
硯石質堅潤如老坑端石硯面微黃澄泥深紫色
硯高五寸四分寬三寸二分厚一寸宋澄泥真
宋澄泥真古硯說

御製宋澄泥直方硯銘

正紫色而堅凝如端石出於舊阬叩以鏗鏘爲金玉聲雖無吕字可定其爲澤州吕老之所手成邇日名硯乃接踵呈爲君者其好不可不慎也用爲銘以自懲

三十二

鍛理呈光者其質不可不慎也用端谿以自然
雖無[illegible]字可定其為端谿[illegible]未之所手取通曰古硯乃
正[illegible]色石墨嵌如指大出於谿底中以鑑鑲於金玉器
[illegible]頸木盛以直古硯錄

[illegible]

[illegible]

滋潤雖無吕字款識或亦其所手製也匣蓋鐫

御題銘與硯同隸書鈐寶二曰乾隆

宋澄泥直方硯背面圖

正紫色而堅凝如端石出於舊
坑叩以銼鋼為金玉聲雖無呂
字可定其為澤州呂老之所手成
適目名研乃接踵呈為君者其
好不可不慎也用為銘以自懲
乾隆戊戌夏御銘

[illegible]興國本[illegible]

宋[illegible]圖

宋澄泥夔紋硯背面圖

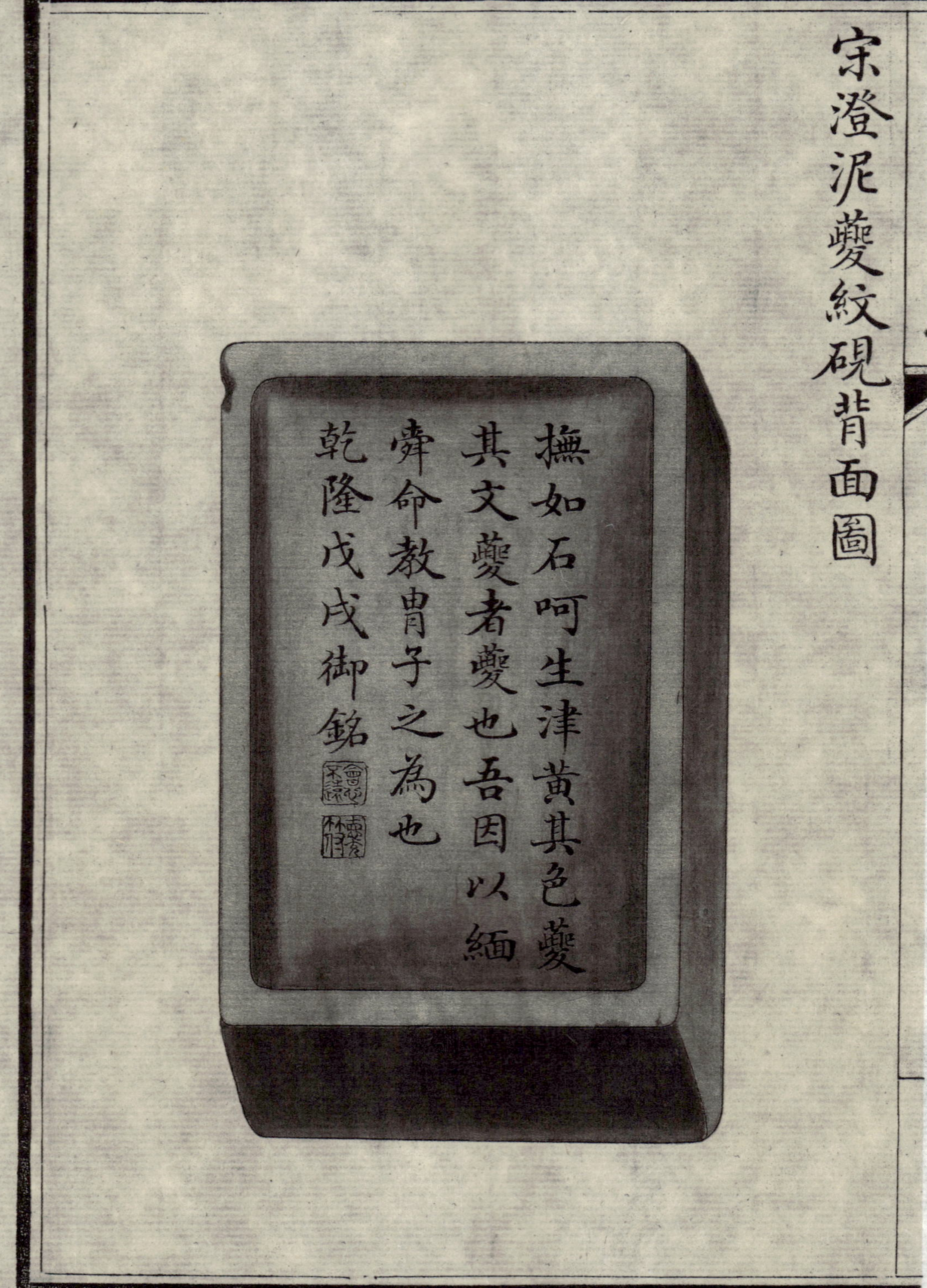
撫如石呵生津黄其色夔
其文夔者夔也吾因以緬
舜命教胄子之爲也
乾隆戊戌御銘

宋澄泥蟠螭硯説

硯高五寸三分寬三寸四分厚九分許澄泥宋製色正黄質輕而極細緻澄泥中冣上品也墨池中刻卧螭一硯面深窪覆手上深下淺兩面顛倒皆可受墨通體墨鏽深裹剥落刓缺決非南宋以後物側面周鐫

御題銘一首楷書鈐寶一曰幾暇臨池匣盖並鐫是銘隸書鈐寶二曰會心不遠曰德充符

[illegible]圖

宋澄泥蟠螭硯背面圖

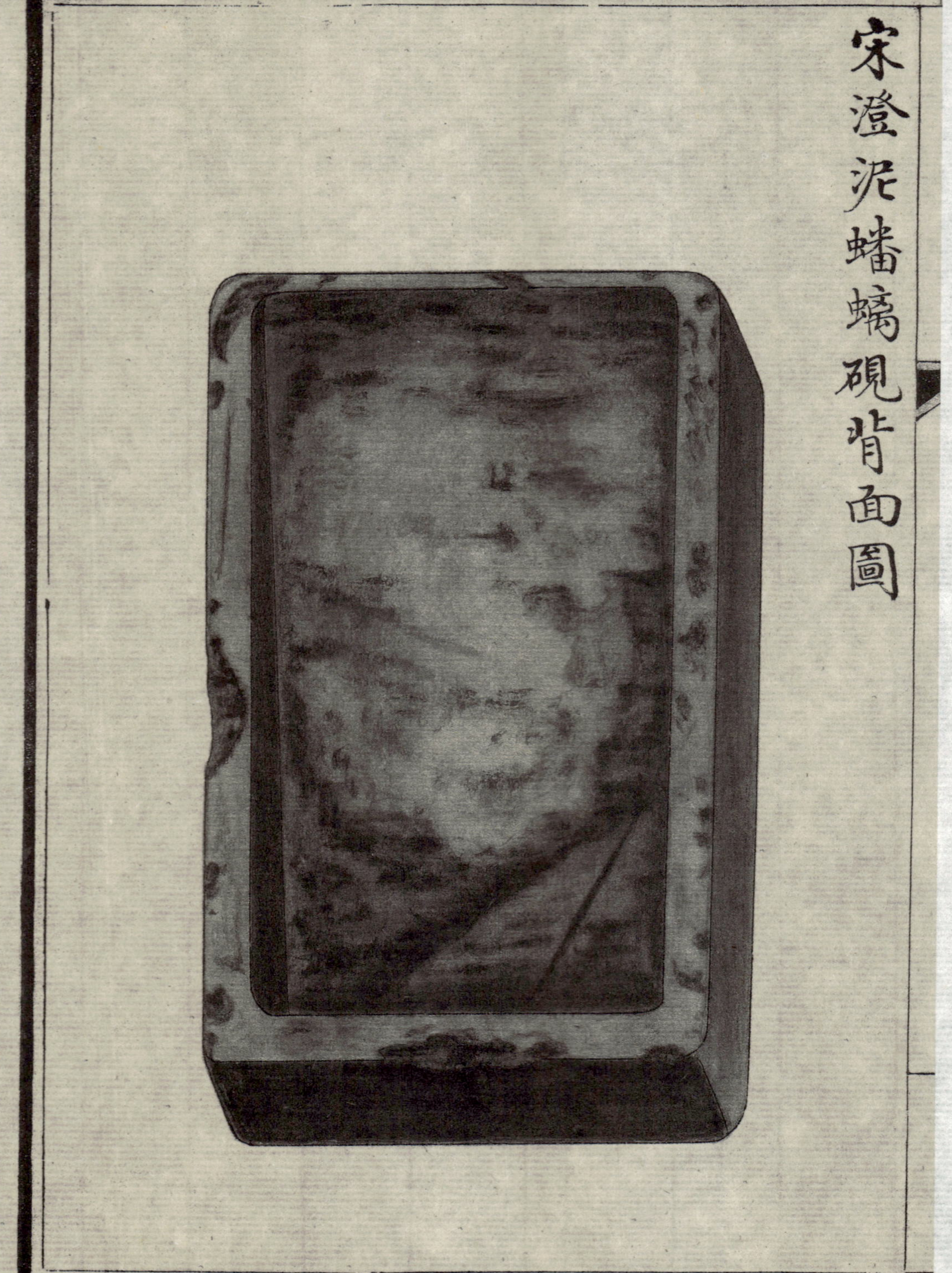

[illegible]

宋蘇軾從星硯背面圖

宋澄泥蕉葉硯背面圖

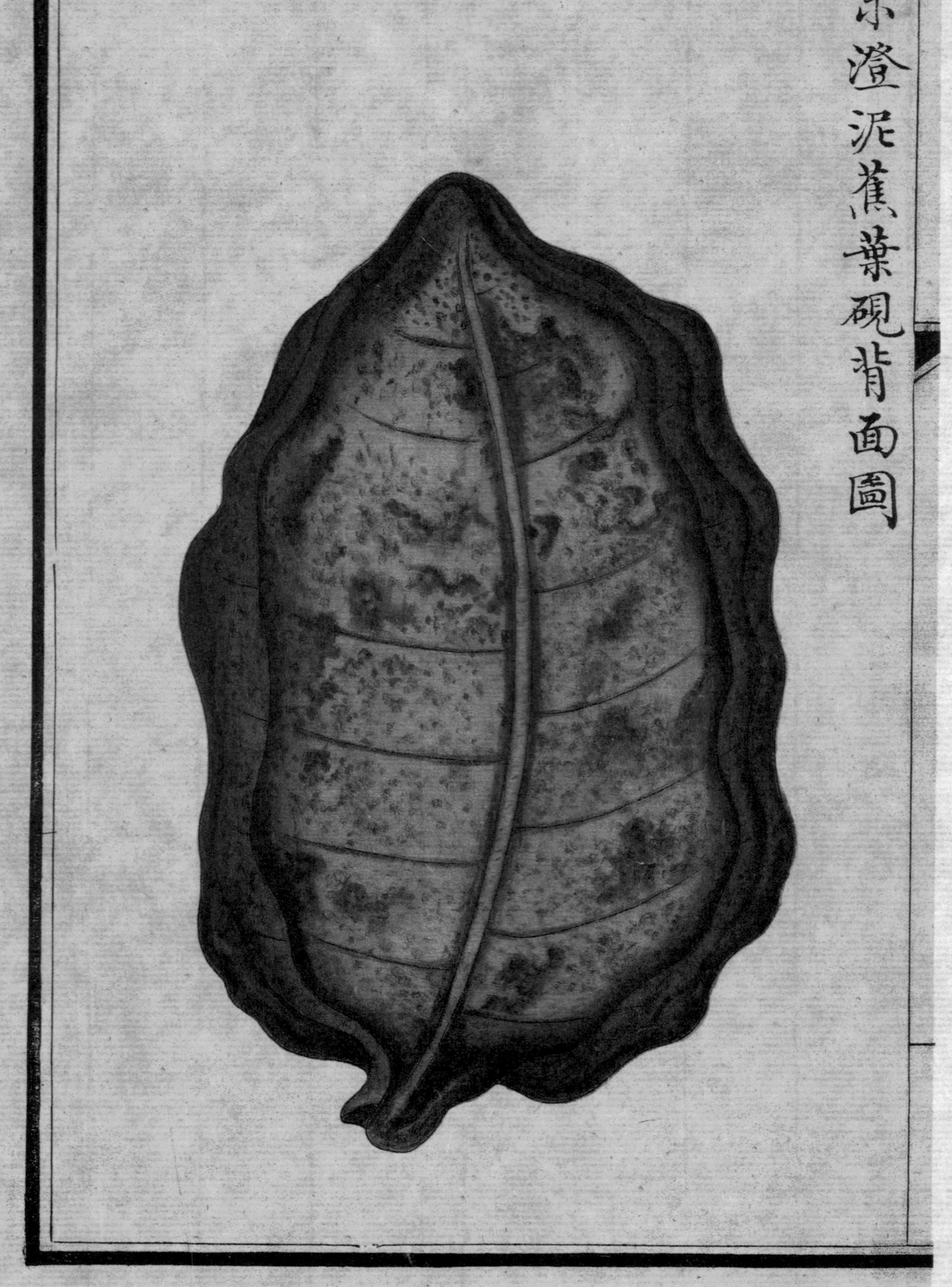

宋澄泥黼黻絢紋硯背面圖

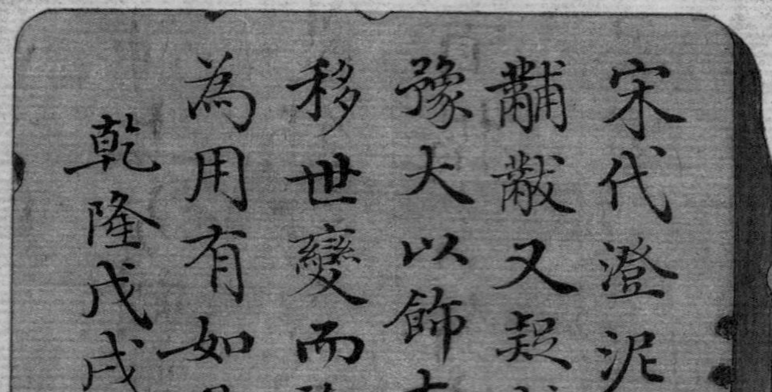

宋代澄泥豈曾藏王氏文莚絢紋
黼黻又起成乎宣和之年爾時豐亨
豫大以飾太平用致金源之烽烟時
移世變而陶泓如故曾無變遷以靜
為用有如是焉
乾隆戊戌仲春上澣御銘

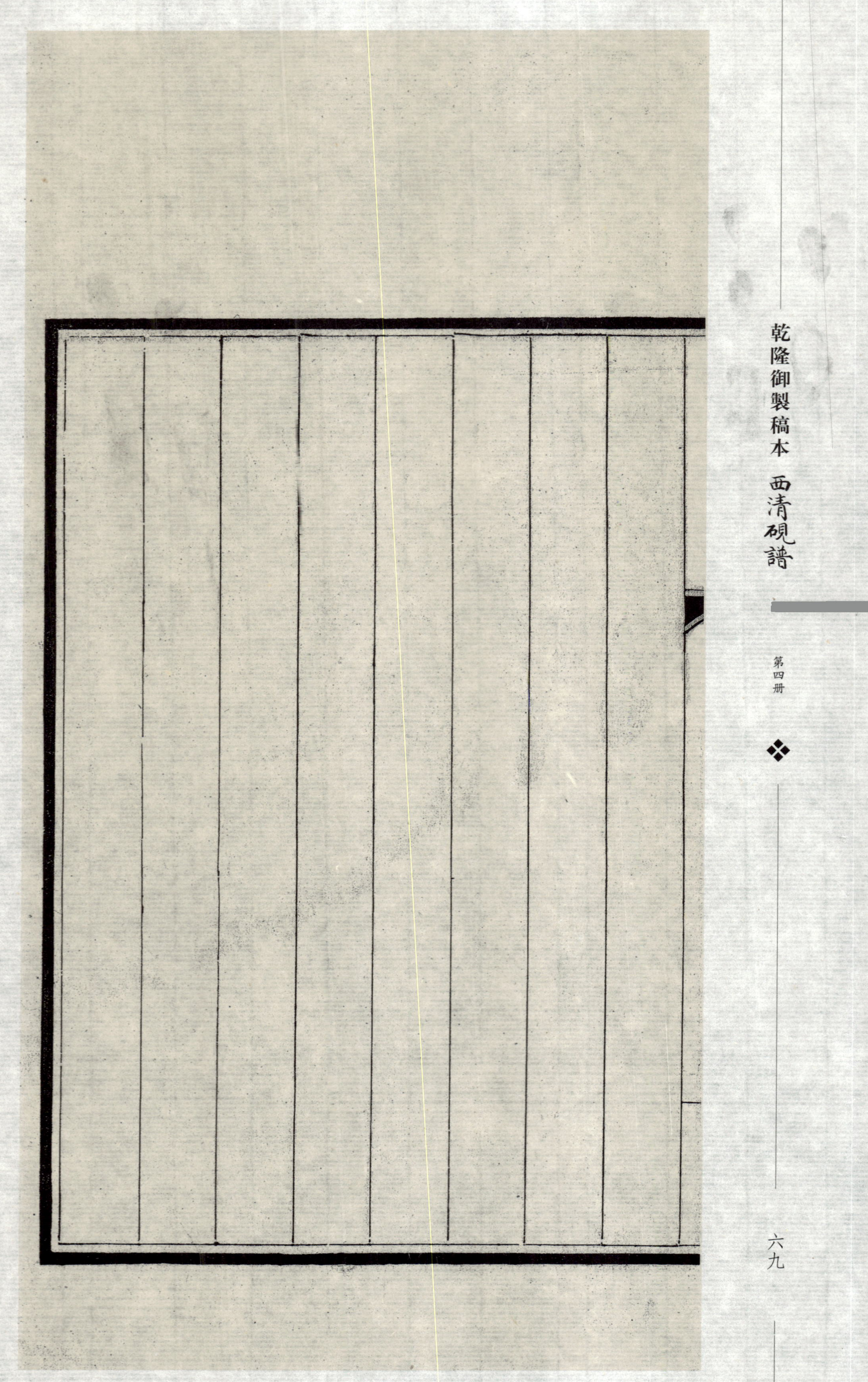

[illegible]圖

宋澄泥石渠硯背面圖

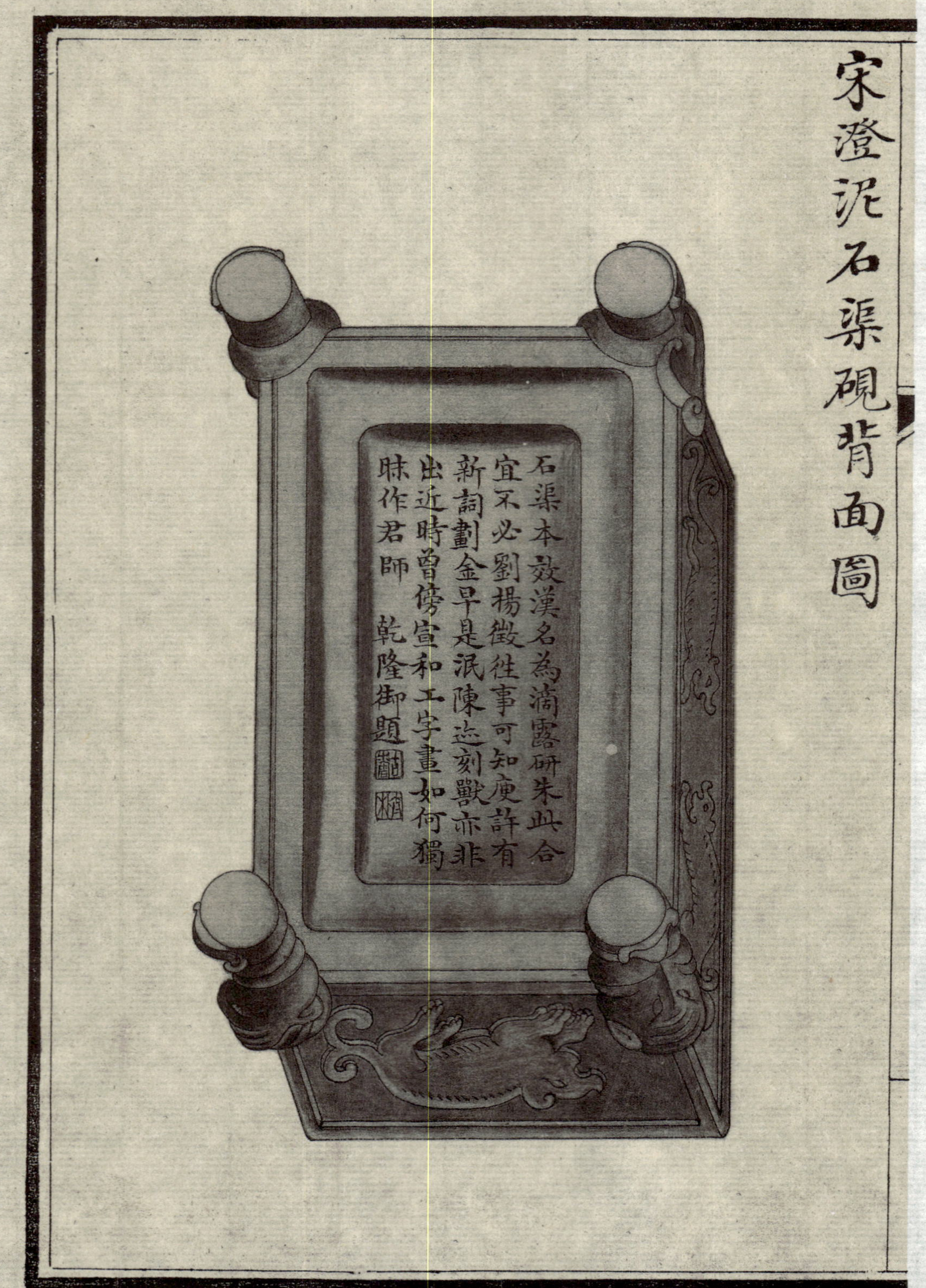
石渠本效漢名為滴露研朱幽合
宜不必劉楊徵往事可知庾許有
新詞劃金早是泥陳迹刻獸亦非
出近時曾傍宣和工字畫如何獨
昧作君師 乾隆御題

宋澄泥圭硯說

硯高五寸寬三寸厚六分澄泥為之面背皆刻圭形質製古朴側理黃黑文層疊蓋陶鍊精工所致四旁剝蝕中受墨處平坦細潤圭首刻三星聯珠硯池深五分硯側上鐫宋澄泥圭硯五字餘三面鐫

御題銘一首鈐寶一曰德充符硯背上刻黻文中為雙璜下為元武皆自然渾璞非近時製作所能硯匣蓋鐫册

宋澄泥圭硯背面圖

[illegible]

宋四螭澄泥硯説

硯八稜稜徑六寸五分寬徑六寸一分厚一寸一分澄泥爲之色黄而微緑質極瑩潤中受墨處正圓墨池環爲渠池中上方鏤爲慶雲拱日下鏤四螭通體青緑濃厚間以砂斑上方側面鐫宋四螭澄泥硯六字楷書硯背每稜有蹈覆手内鐫

御題銘一首楷書鈐寶二曰會心不遠曰德充符是硯體質瑰厚而較常硯爲輕墨銹亦透洵非宋製不

宋白端蓋天祿硯背面圖

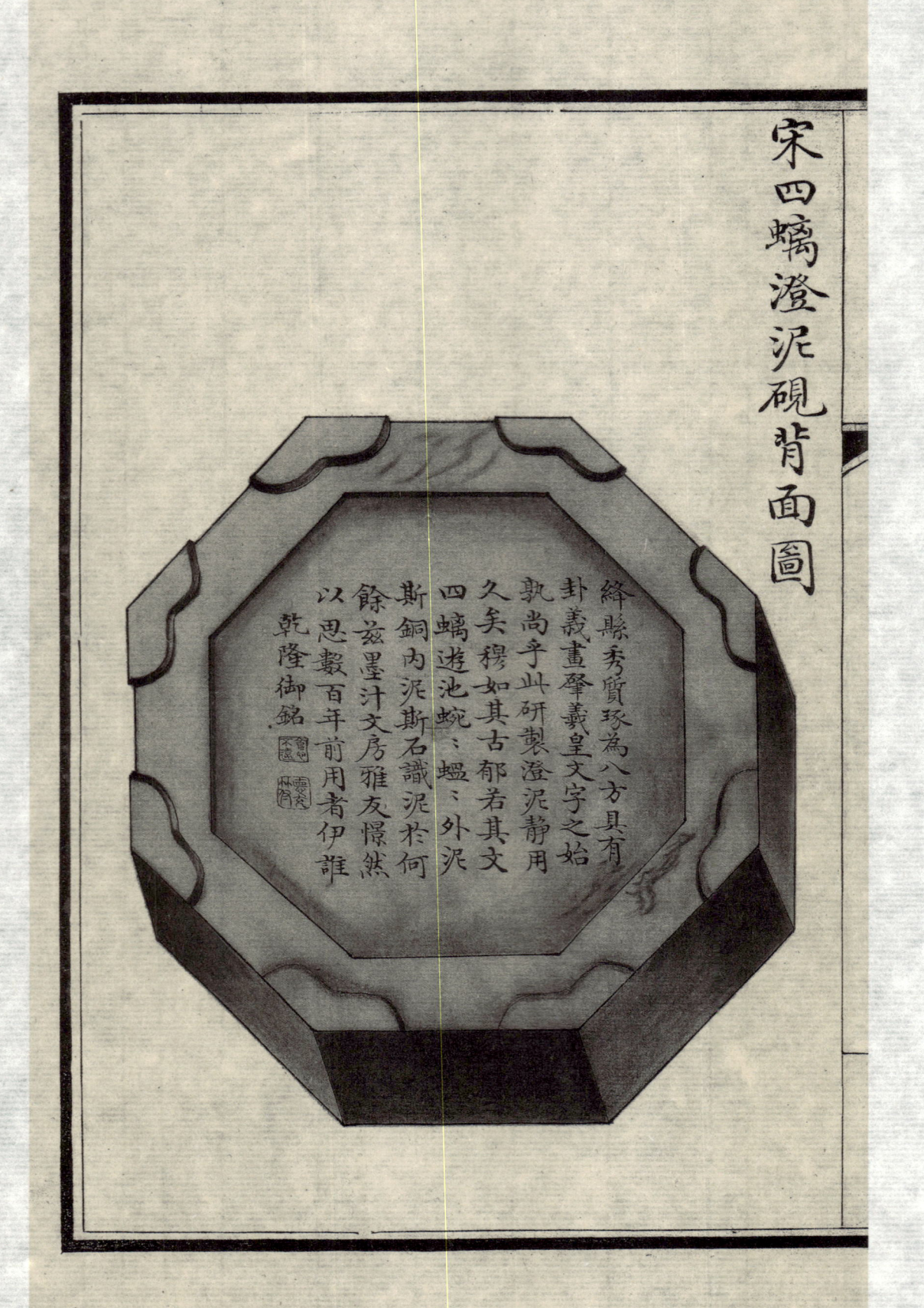

宋四螭澄泥硯背面圖

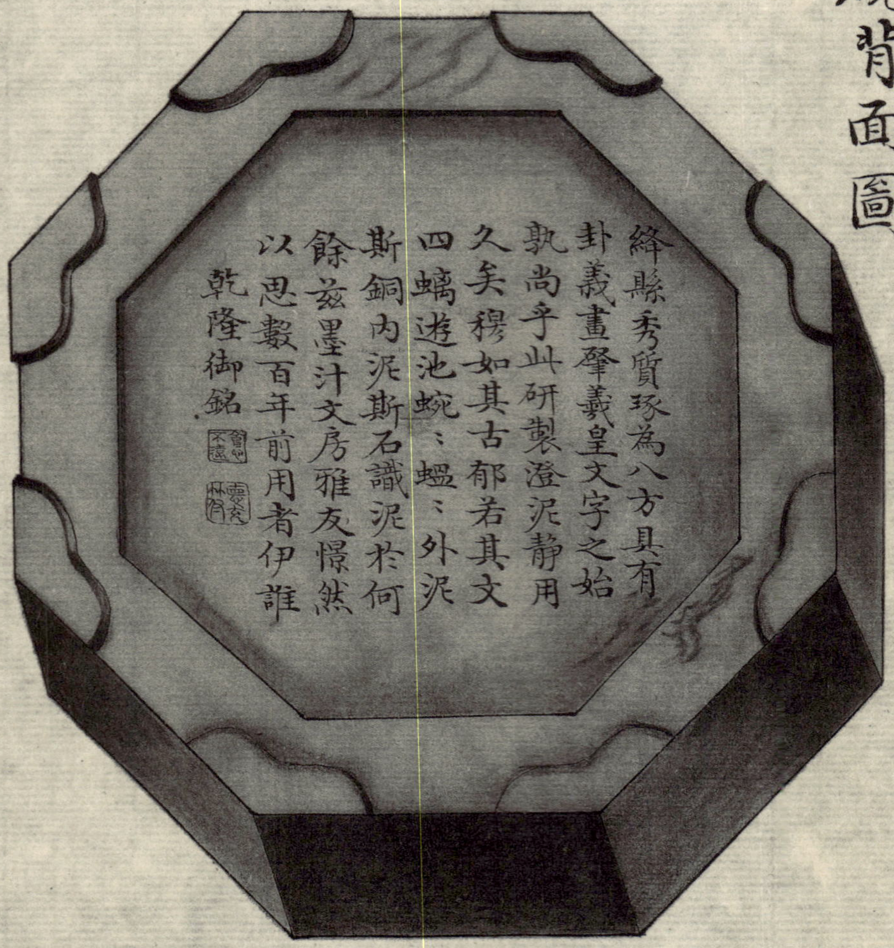

絳縣秀質琢為八方具有卦義畫肇羲皇文字之始孰尚乎此研製澄泥静用久矣穆如其古郁若其文四螭遊池蜿蜿蝹蝹外泥斯銅内泥斯石識泥於何餘兹墨汁文房雅友憬然以思數百年前用者伊誰

乾隆御銘

會心不遠　德充符

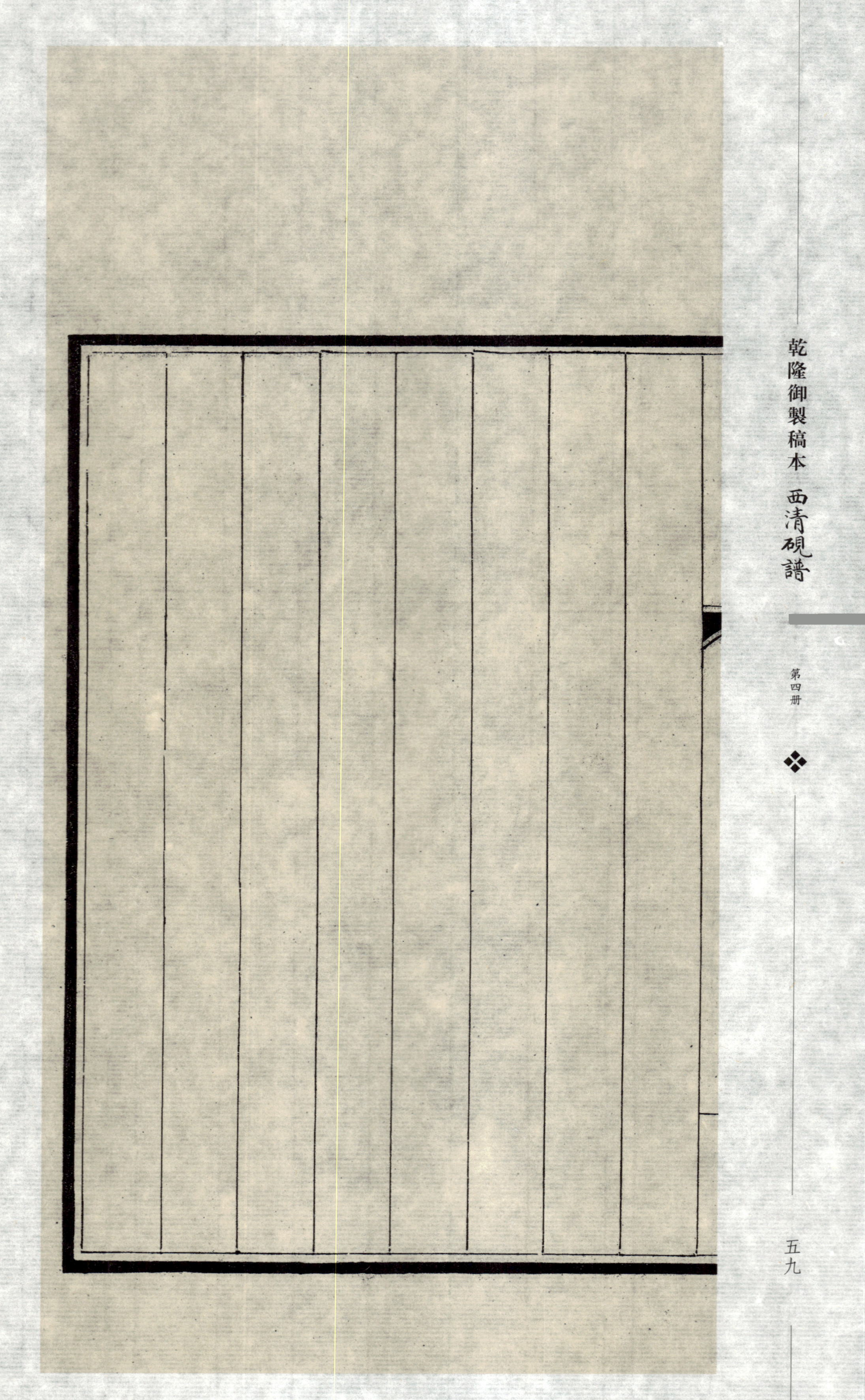

宋澄泥括囊硯說

硯高二寸五分上寬一寸二分下寬一寸七分厚
三分許澄泥宋製墨鏽膠固受墨處連墨池為囊
式側面周鐫背刻作囊口斂處反折索絢束之有括囊之義
御題銘一首楷書鈐寶一曰古香匣蓋並鐫是銘隸書
鈐寶二曰古香曰太璞背刻作囊口斂處反折索
絢束之有括囊之義

舊志三口會亦不近日據[illegible]

御[illegible]詩一百會合三日之據一閘[illegible]者

御[illegible]會[illegible]書[illegible]二年成[illegible]同[illegible]書

[illegible]一直[illegible]北[illegible]三[illegible]中[illegible]人年一[illegible]

[illegible]己[illegible]里[illegible]二一合[illegible]

[illegible]十四[illegible]四十三[illegible]八合[illegible]

[illegible]人[illegible]

宋澄泥海嶽硯說

硯高六寸四分寬四寸二分厚八分澄泥為之體輕理緻潤密如玉色黃而黝受墨處深一分橫界金線一道墨池深三分許池中琢眠犀一硯背剝蝕右側下鐫楷書海嶽二字硯側周鐫楷書

御題七言詩一首鈐寶二曰比德曰朗潤鐫匣蓋並鐫是詩楷書鈐寶二曰會心不遠曰德充符

宋方井硯説

硯高八寸四分寬五寸五分厚一寸宋澄泥製周刻溝塍面為井字中平如畦墨池深廣容墨勺許池間刻卧牛二神態宛然上方側鐫宋硯二字右側鐫方井二字並隸書周側及跗古痕駁蝕墨華斑斕高似孫硯戔所云玉色金聲者庶幾近之硯背鐫

御題銘一首行書鈐寶二曰乾隆亜盖鐫

宋方井硯背面圖

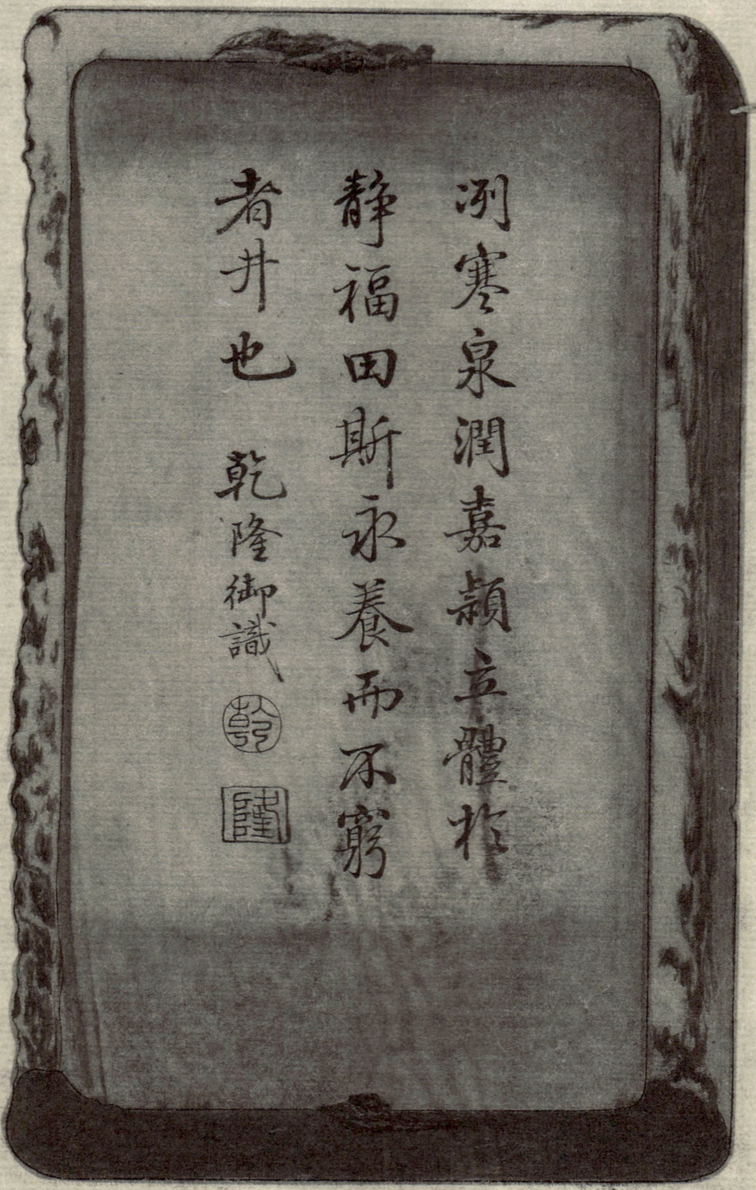

冽寒泉潤嘉穎立體於
靜福田斯永養而不窮
者井也

乾隆御識

宋翠濤硯說

硯高六寸寬四寸厚一寸宋澄泥製受墨處寬平

與墨池通池深六分池左有銅器融蝕痕右粘五

銖錢一枚硯首側鐫宋硯二字隸書左側鐫

御題銘一首楷書鈐寶二曰幾暇怡情曰得佳趣右側

鐫翠濤二字隸書兩跗俱有剥蝕是硯色如黄玉

入土年久銅氣蒸蝕蒼翠欲滴墨鏽亦復深透可

稱硯林逸品匣蓋外鐫

宋草壽硯北古圖

宋翠濤硯背面圖

右方[illegible]有制[illegible]合[illegible]十六字[illegible]書[illegible]

[illegible]上大[illegible]深三分[illegible]中圓[illegible]

[illegible]一者[illegible]一日[illegible]五年[illegible]

[illegible]有制[illegible]正中[illegible]三[illegible]三分[illegible]

[illegible]四[illegible]自[illegible]不可識[illegible]右下[illegible]

厚七分[illegible]八分[illegible]通[illegible]一寸五分[illegible]中

[illegible]高三寸七分上寬一寸六分下寬三寸三分[illegible]

[illegible]不[illegible]識

宋澄泥石函硯説

硯高三寸七分上寛二寸七分下寛三寸三分蓋厚七分底厚八分許通厚一寸五分澄泥為之中剖處凹凸自然不加礱治蓋面左方及左右下方俱有剥蝕正中鐫石函二字篆書蓋裏深三分鐫御題銘一首楷書鈐寶二曰比德曰朗潤硯面正平而微窪上方墨池深三分許硯背作井字中圓如井形亦微有剥蝕左側合縫處鐫銘十六字篆書末

宋澄泥石函硯背面圖

宋澄泥石函硯背面圖

宋拓漢石經殘碑石面圖

宋澄泥石函硯盖内面圖

瓦以漢稱遠或偽成泥以宋澄
近而可徵逮兹其三石函製同
寓法化報三身義精況鈐凡夫
寒山用經憶彼隱處我曾偶傳
片雲之軒水綠山青想其揮毫
盖助性靈而何貴然懋勤是登
擬詢陶泓何以貢情
乾隆己亥新春御銘

虞鐘銘十九字篆書下函右側有阮隸二字古印

御題銘一首楷書金寶一曰發光於左側上下函合縫

字象書蓋內籤

通高深三分許上函為蓋面有銅鎖鑲以匙二

下自滌渾合下函為鳳字墨床正平上方鑿入墨

分底鐫楷書各三十三字宋晴谷沉製銘為石函上

硯正方為樹太厚一寸四分函面鐫楷各二十文

宋澄泥石函硯說

宋澄泥石函硯說

硯正方為檢斗式厚一寸四分面縱橫各二寸七分底縱橫各三寸三分宋時澄泥製剖為石函上下自然渾合下函為硯受墨處正平上方斜入墨池約深二分許上函為蓋面有剝蝕痕鐫石函二字篆書蓋內鐫

御題銘一首楷書鈐寶一曰德充符左側上下函合縫處鐫銘十九字篆書下函右側有原博二字方印

秦[illegible][illegible]合[illegible]民[illegible]印圖

宋澄泥石函硯背面圖

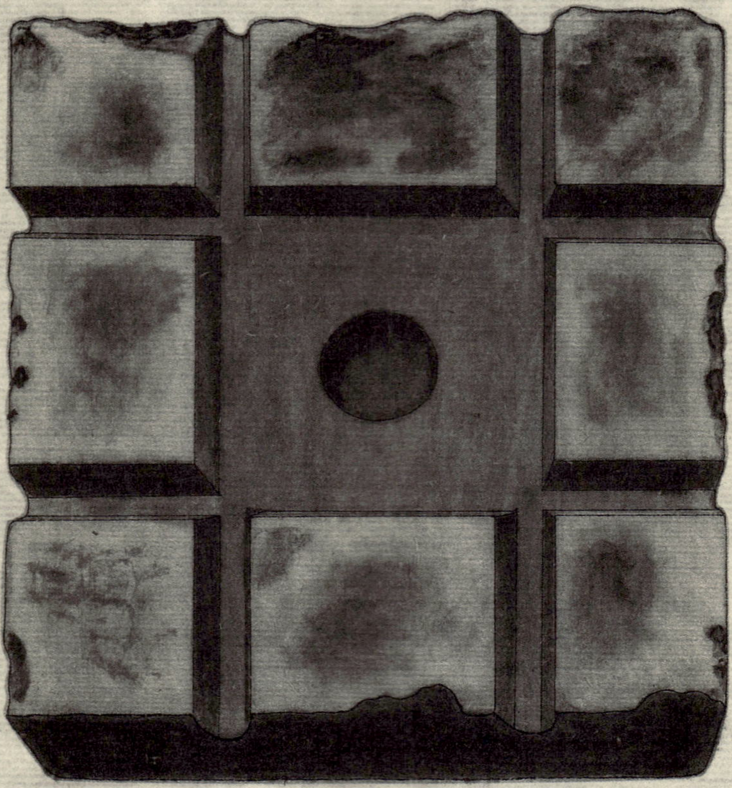

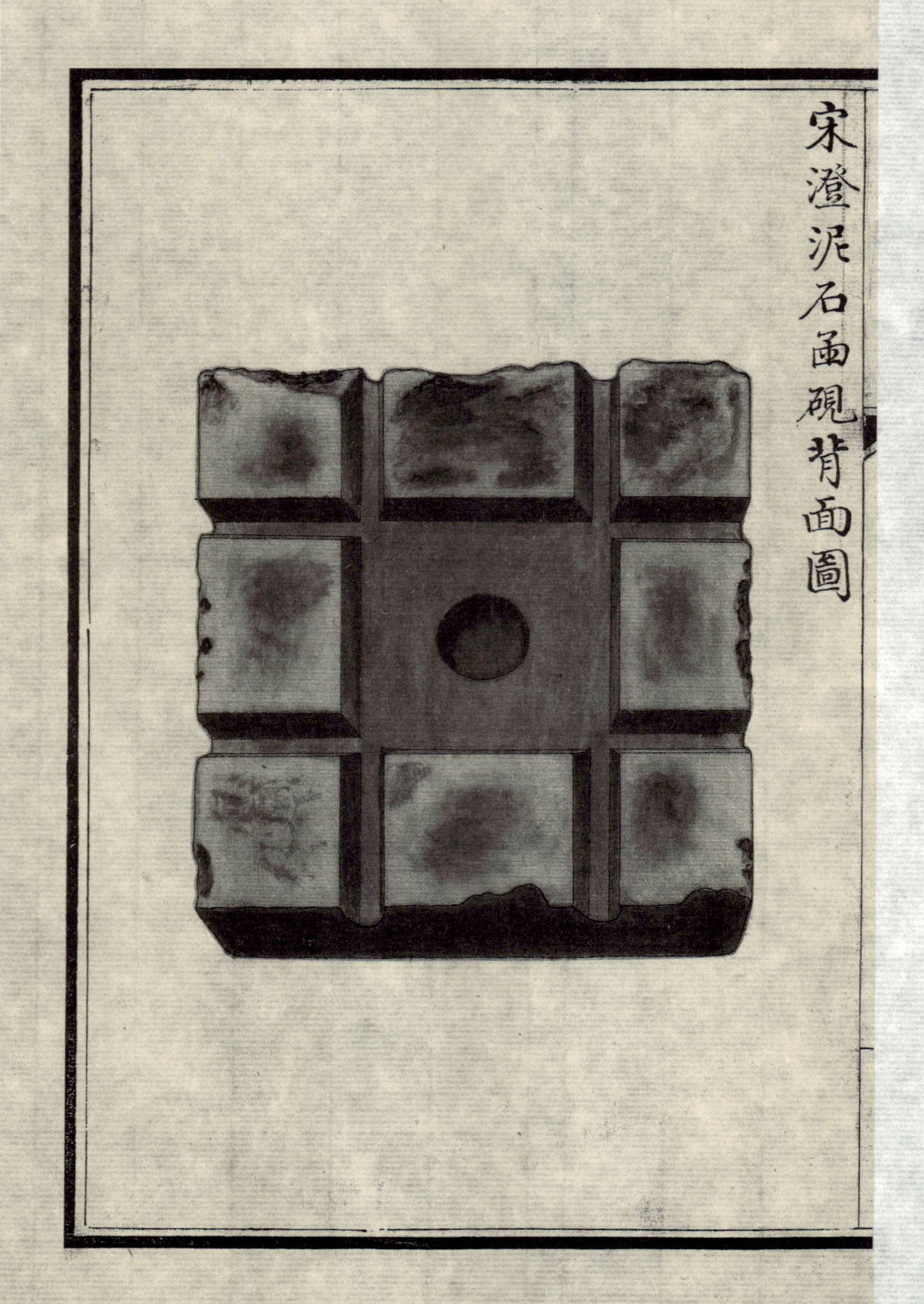

宋澄泥石函硯盖内面圖

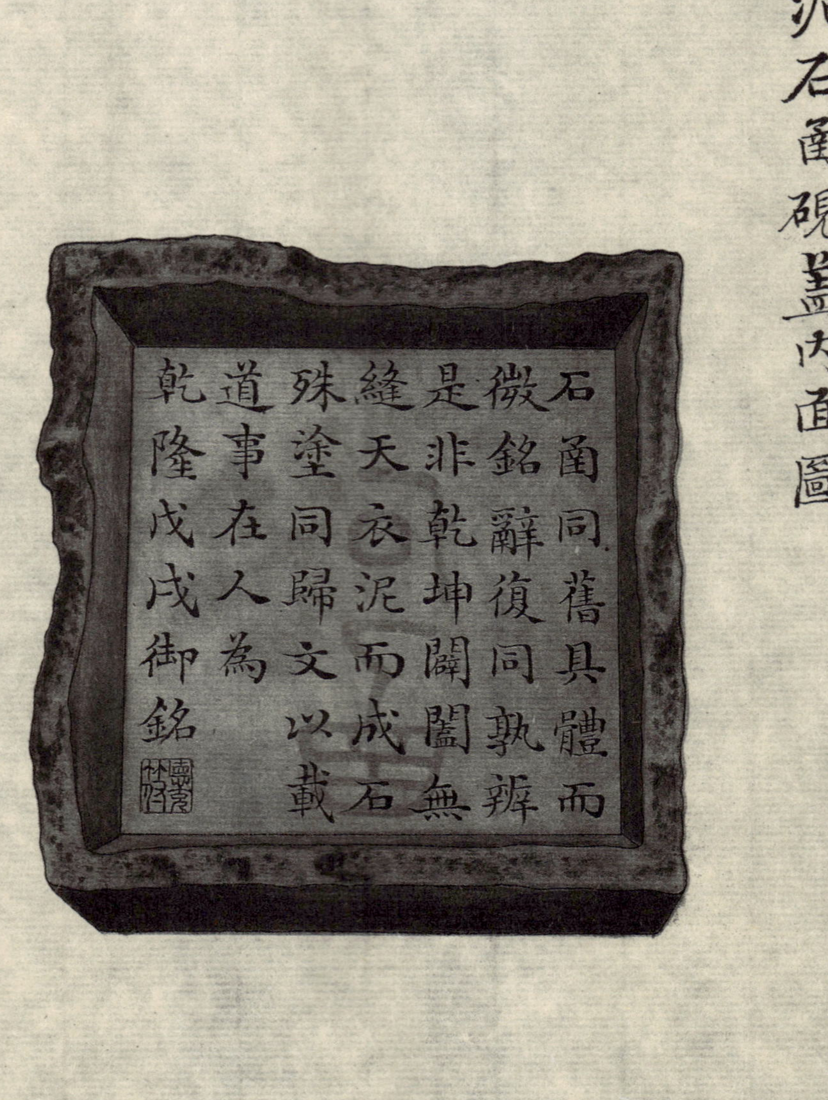
石函同舊具體而
微銘辭復同孰辨
是非乾坤闔闢無
縫天衣泥而成石
殊塗同歸文以載
道事在人為
乾隆戊戌御銘

[illegible]

[illegible]

許上方為墨池硯背刻篆書中圓如井欄左側

御題銘一首隸書鈐寶一曰[illegible]深三分

寶[illegible]三分中鐫[illegible]

中[illegible]不可[illegible]治[illegible]圖[illegible]鐫石函二字篆書

六分十[illegible]下豐上斂底蓋通厚一寸八分澄泥

蓋下寬四寸三分蓋上方寬三寸四分下寬三寸

硯底高四寸五分蓋高二寸七分底上方寬四寸

宋澄泥石函硯說

宋澄泥石函硯說

硯底高四寸五分盖高三寸七分底上方寬四寸許下寬四寸三分盖上方寬三寸四分下寬三寸六分斗檢形下豐上銳底盖通厚一寸八分澄泥中剖不加礱治自然鬪筍盖上鐫石函二字篆書裏深三分中鐫

御題銘一首隸書鈐寳一曰德充符受墨處亦深三分許上方為墨池硯背刻為井字中圓如井欄左側

宋澄泥石函硯背面圖

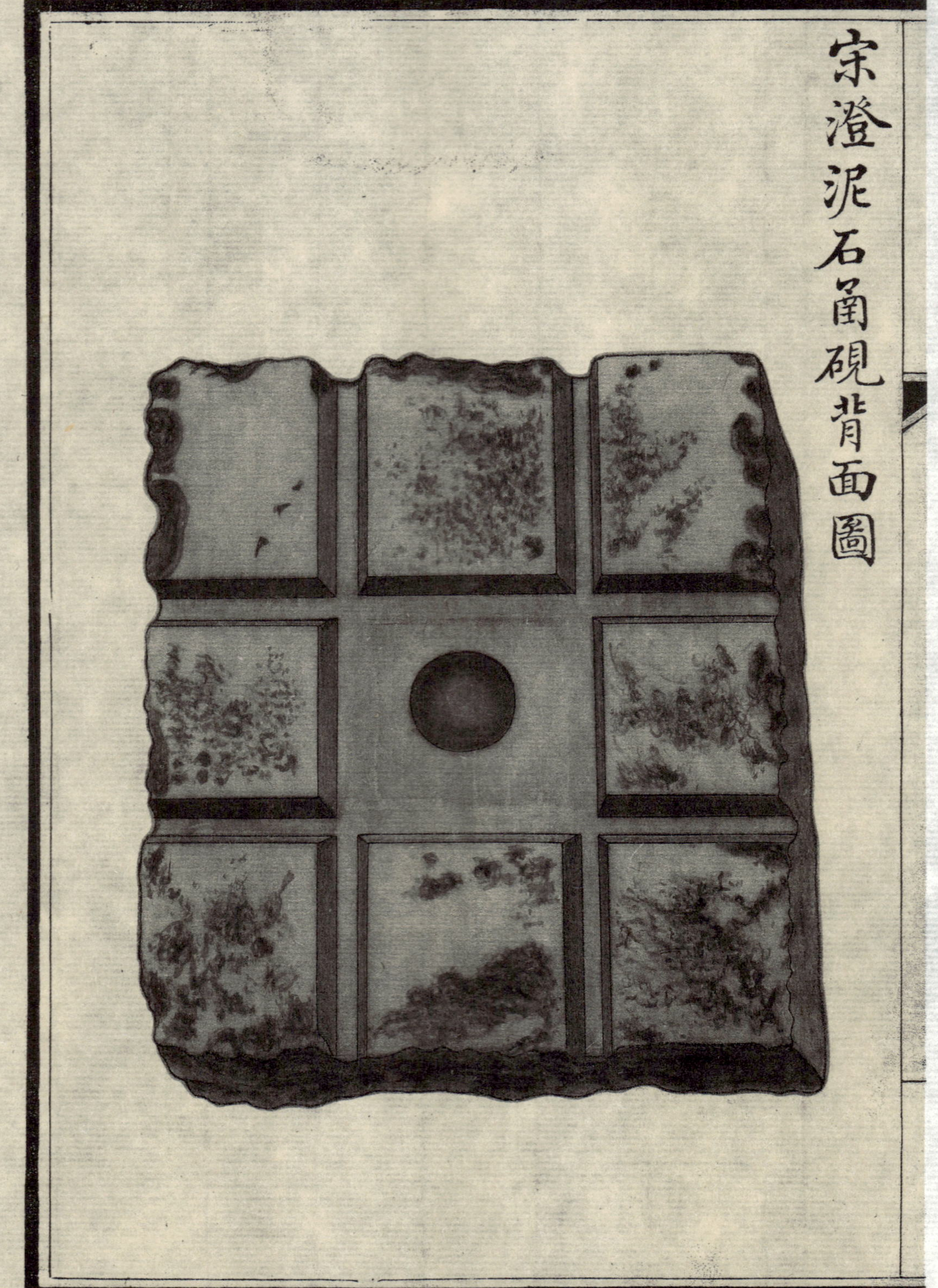

右[illegible]圖

宋澄泥石函硯盖裏（内）面圖

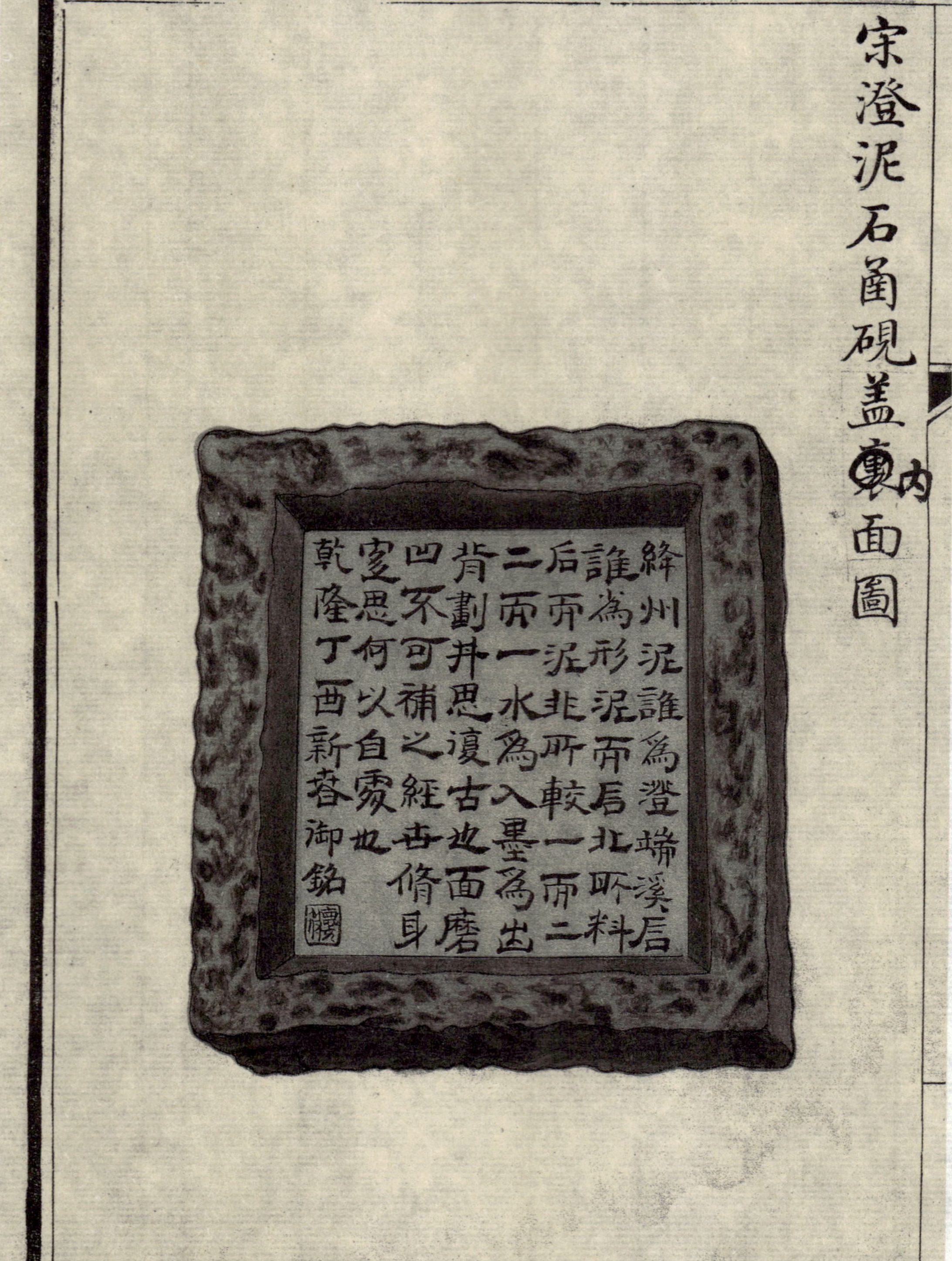

[illegible]

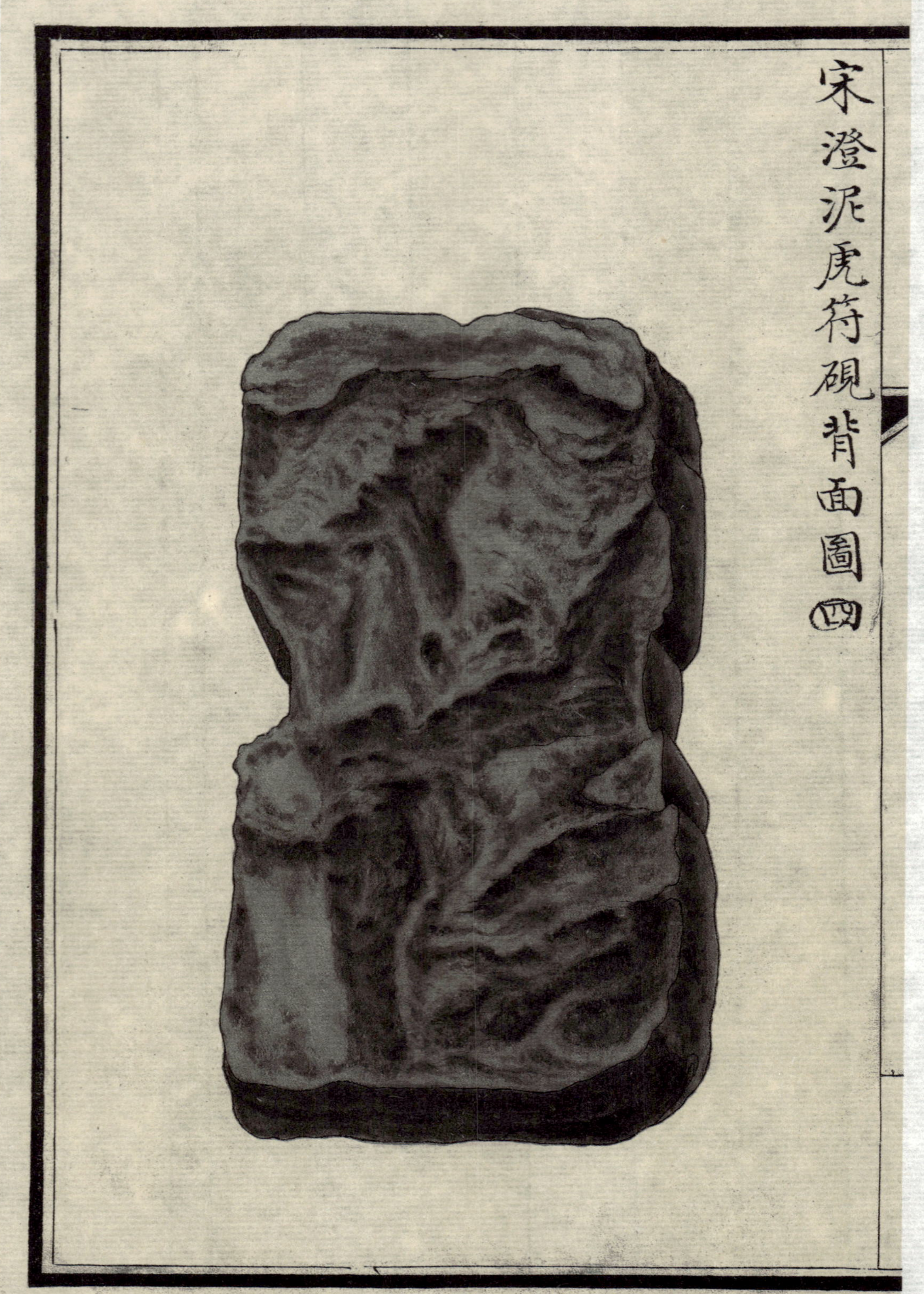
宋澄泥虎符硯背面圖㊃

宋蘇軾東井硯蓋正面圖

宋澄泥虎符硯盖内面圖 ㊃

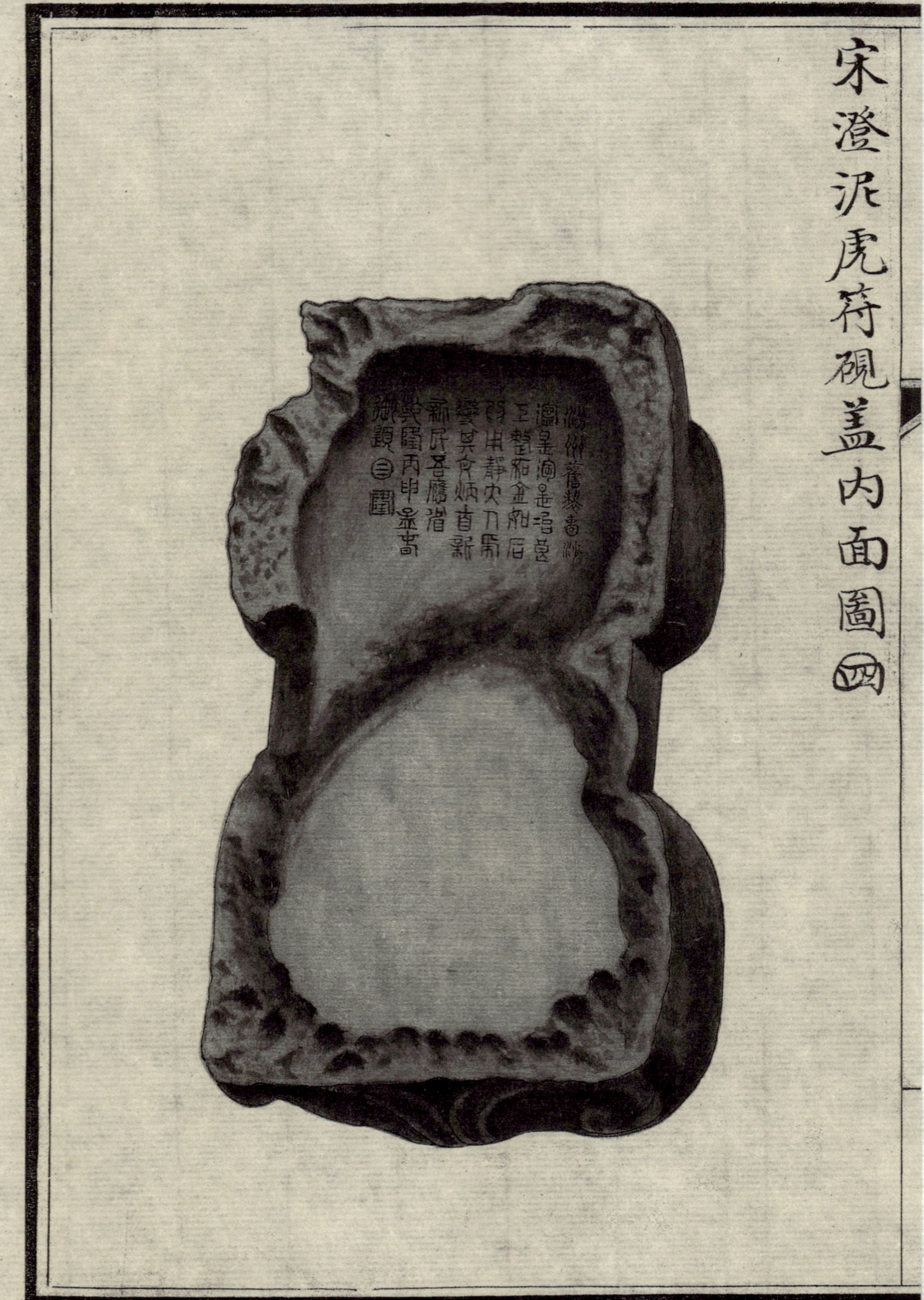

誊白点

宋澄泥虎符硯說

硯高四寸六分許上寬二寸四分下寬二寸七分厚一寸五分許赤色堅潤亦宋澄泥製體式正同惟虎首兩耳尖而旁出後兩足微仰而出爪通體有蟠夔紋中稍剥蝕腰以下重帶旋紋盖内鐫俞此虎符式鳳味失景来十字篆書無款硯面中束如壺盧墨池亦作太極圖式底多駁落痕上下合縫處右鐫以昭信兵四字左鐫國以永寧四字俱

宋澄泥虎符硯背面圖

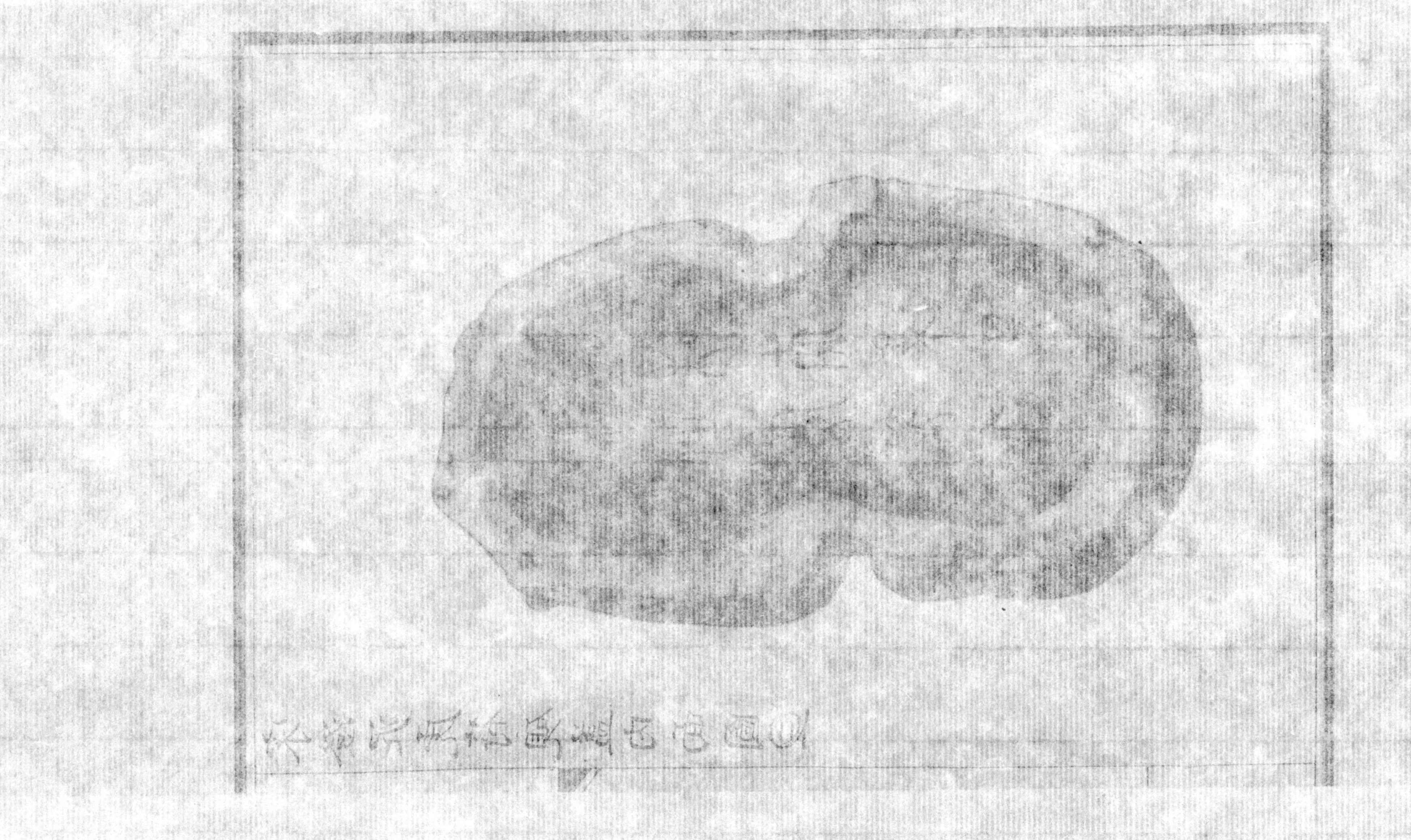

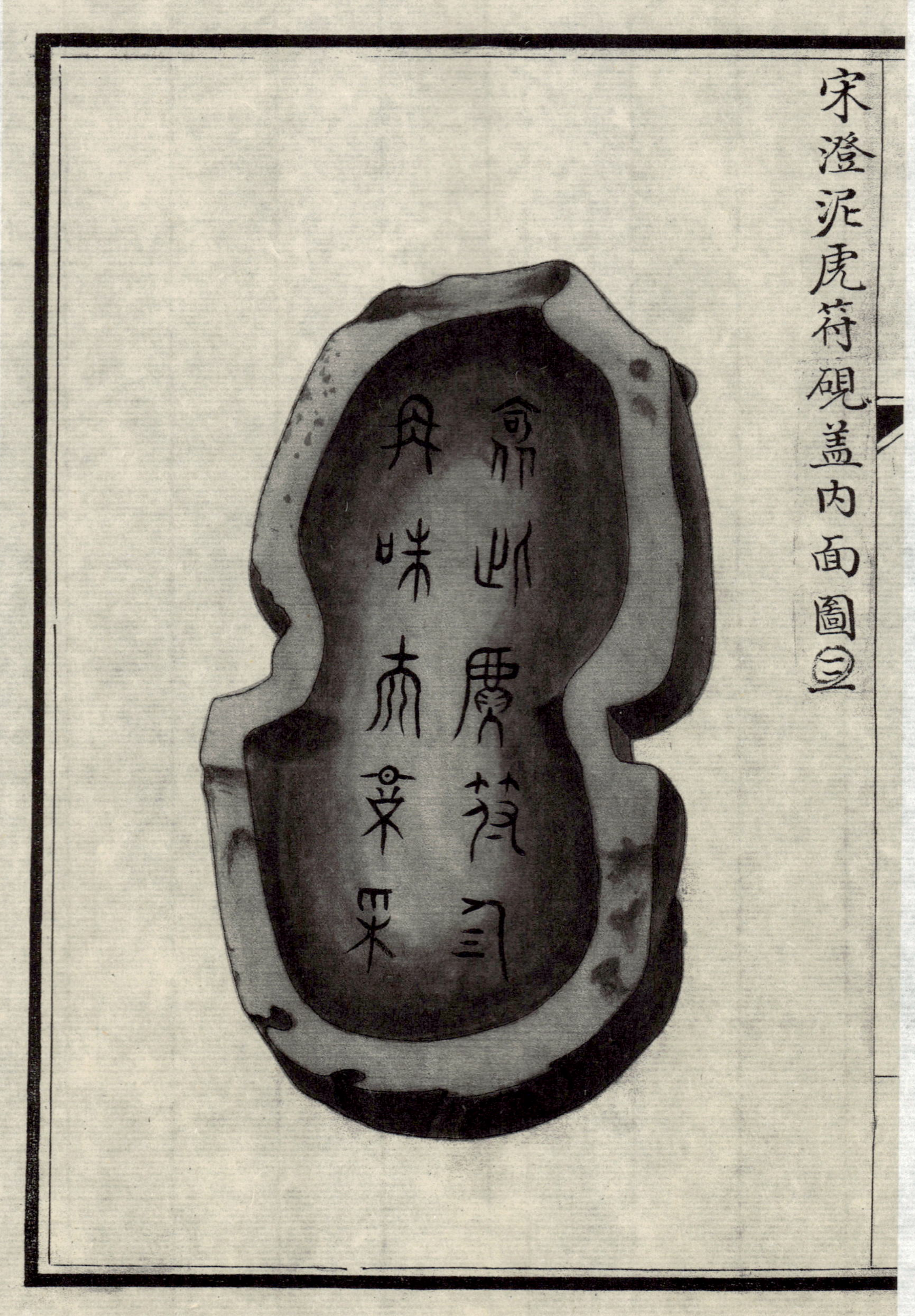

宋澄泥虎符硯蓋内面圖三

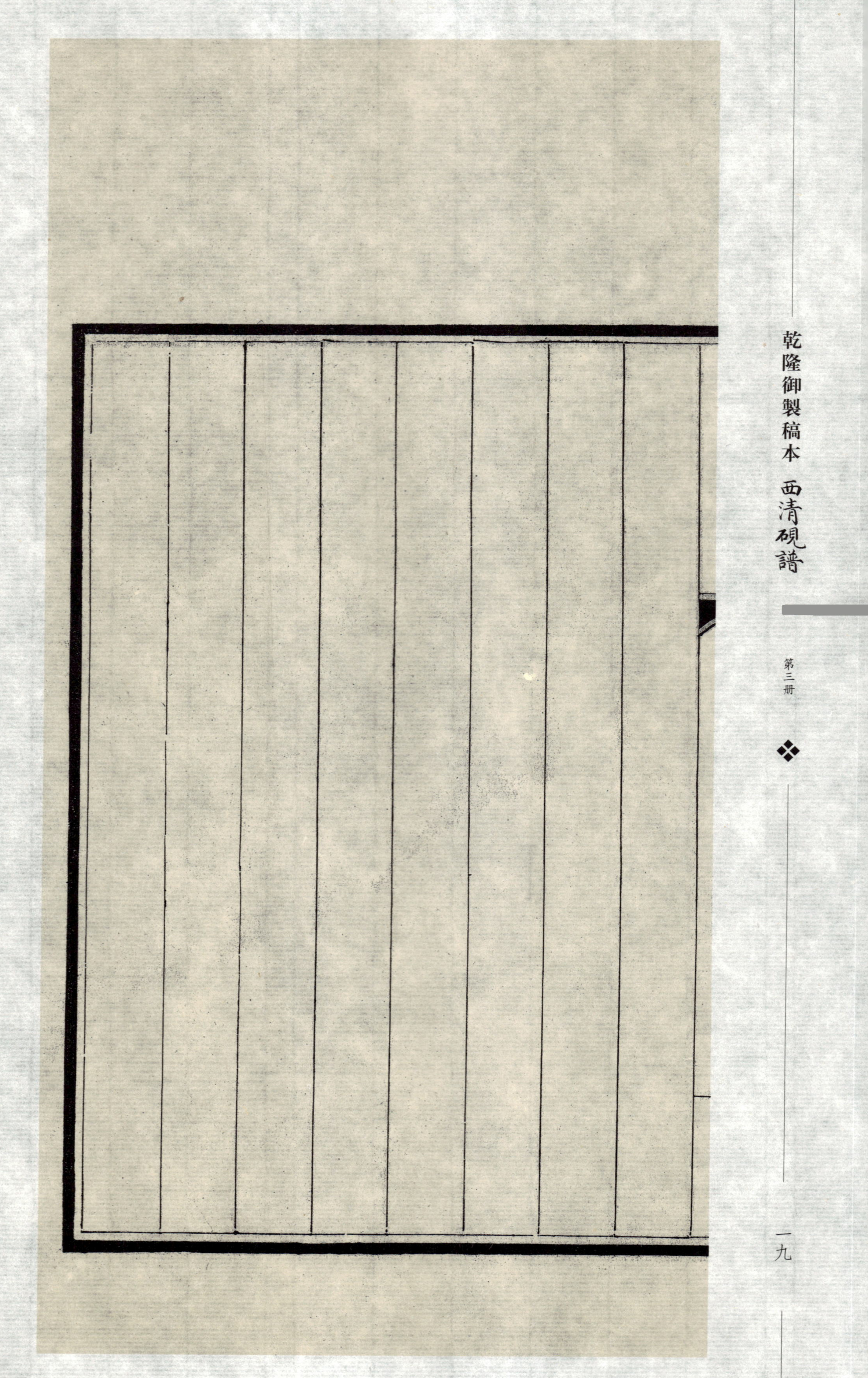

宋澄泥虎符硯背面圖二

虎符

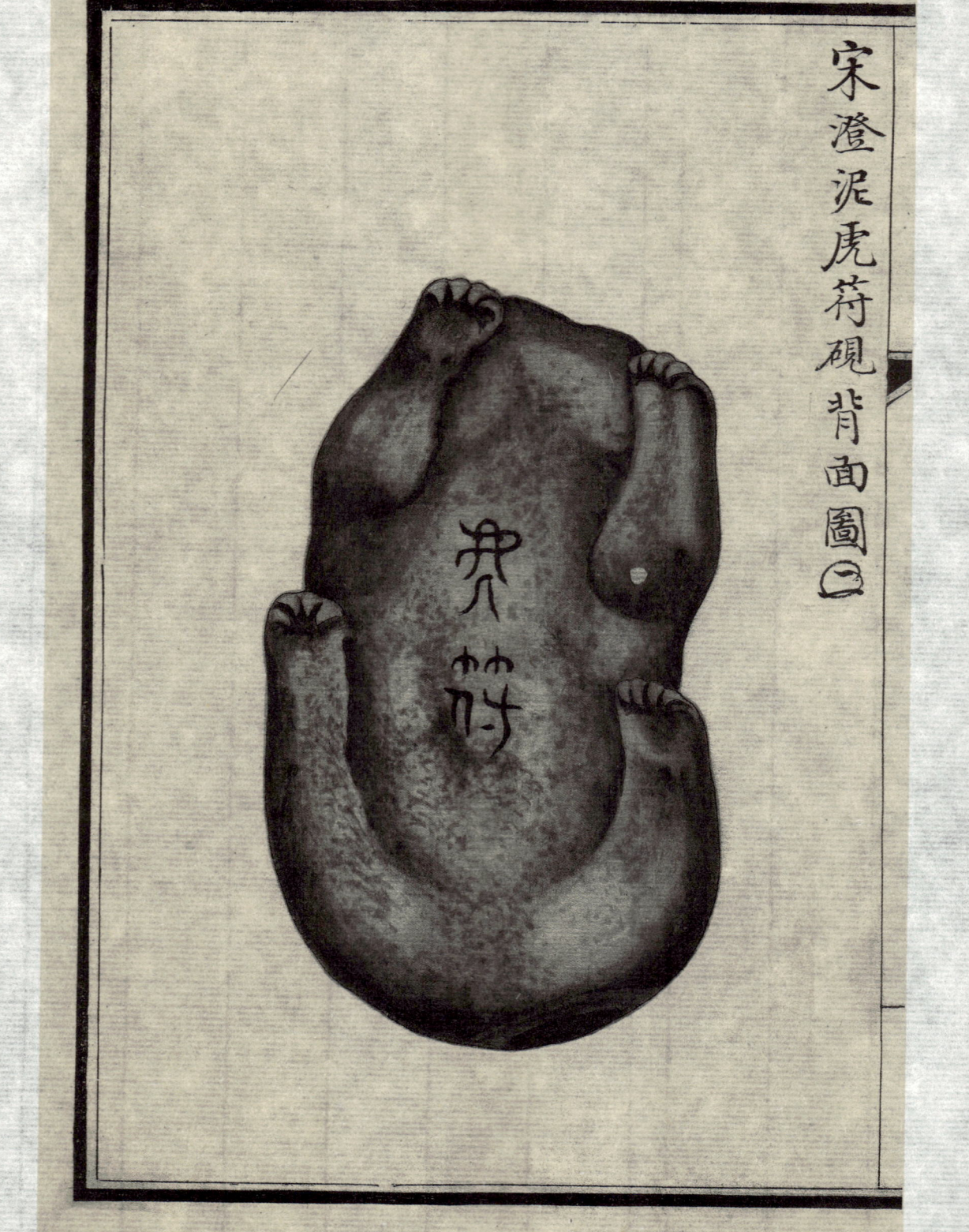

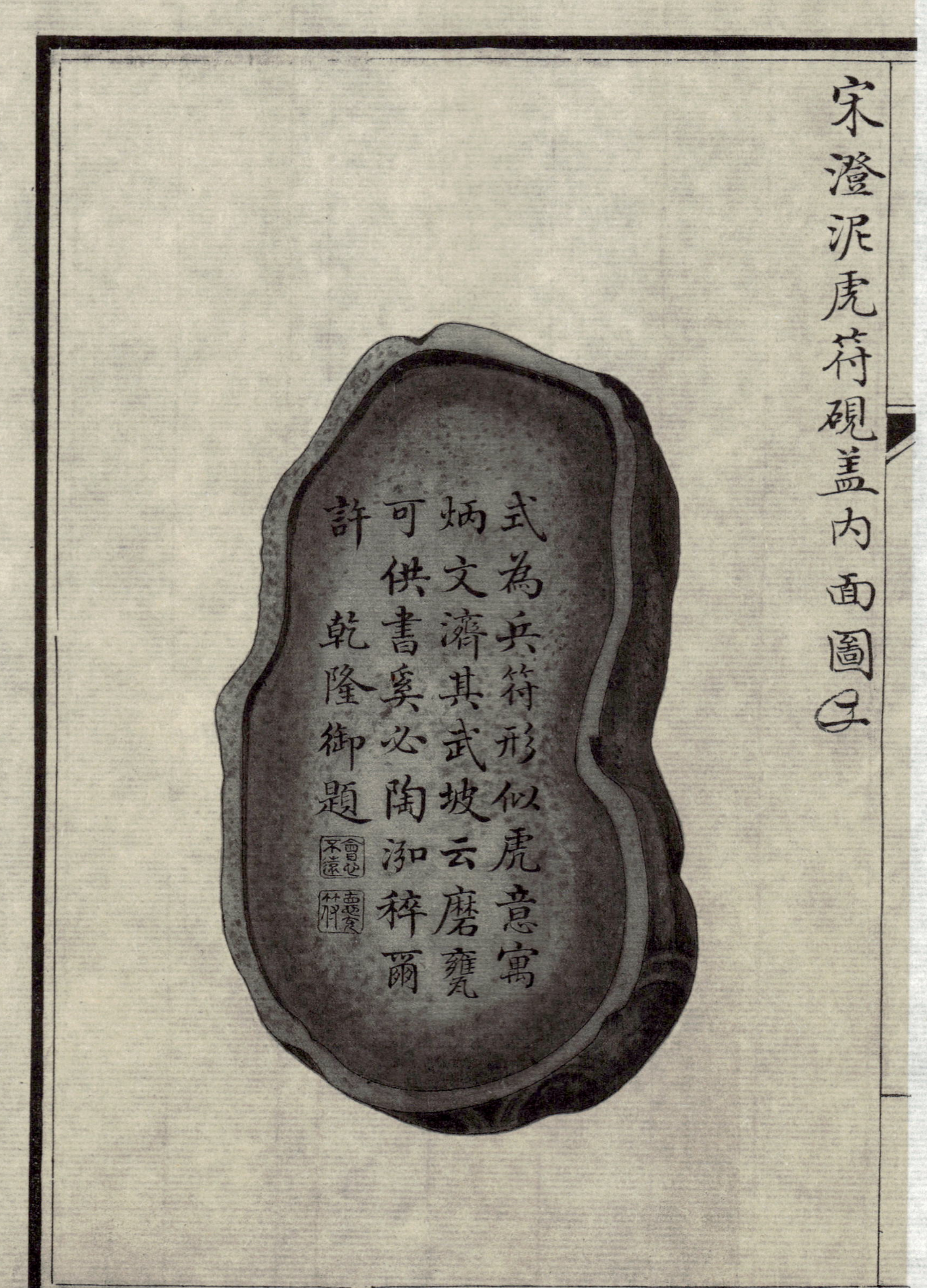
宋澄泥虎符硯蓋内面圖
式為兵符形似虎意寓
炳文濟其武坡云磨甕
可供書奚必陶泓稱爾
許　乾隆御題
會心不遠
德充符

夏緣叙寶同

是銘隸書鈐寶同

宋澄泥虎符硯背面圖

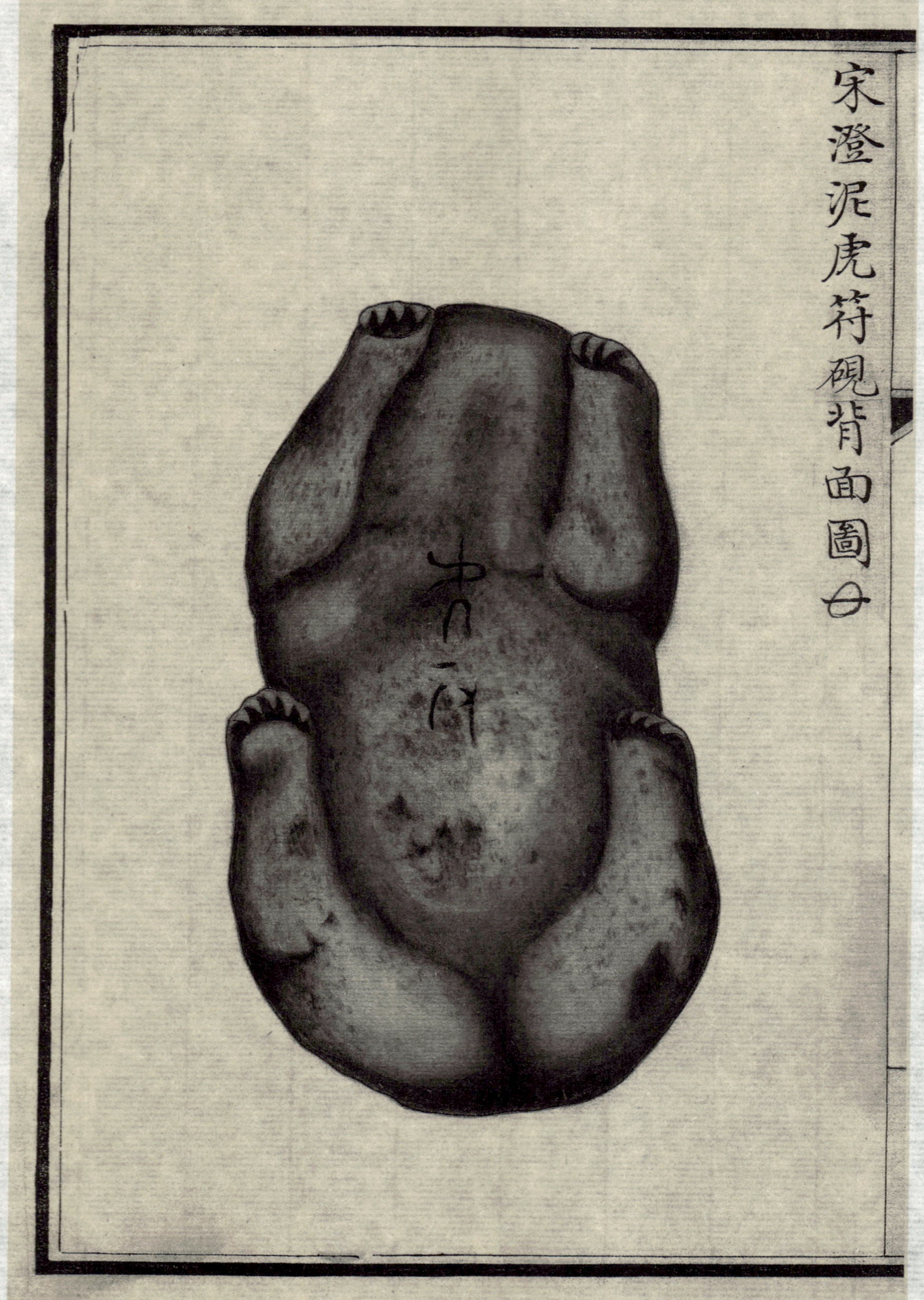

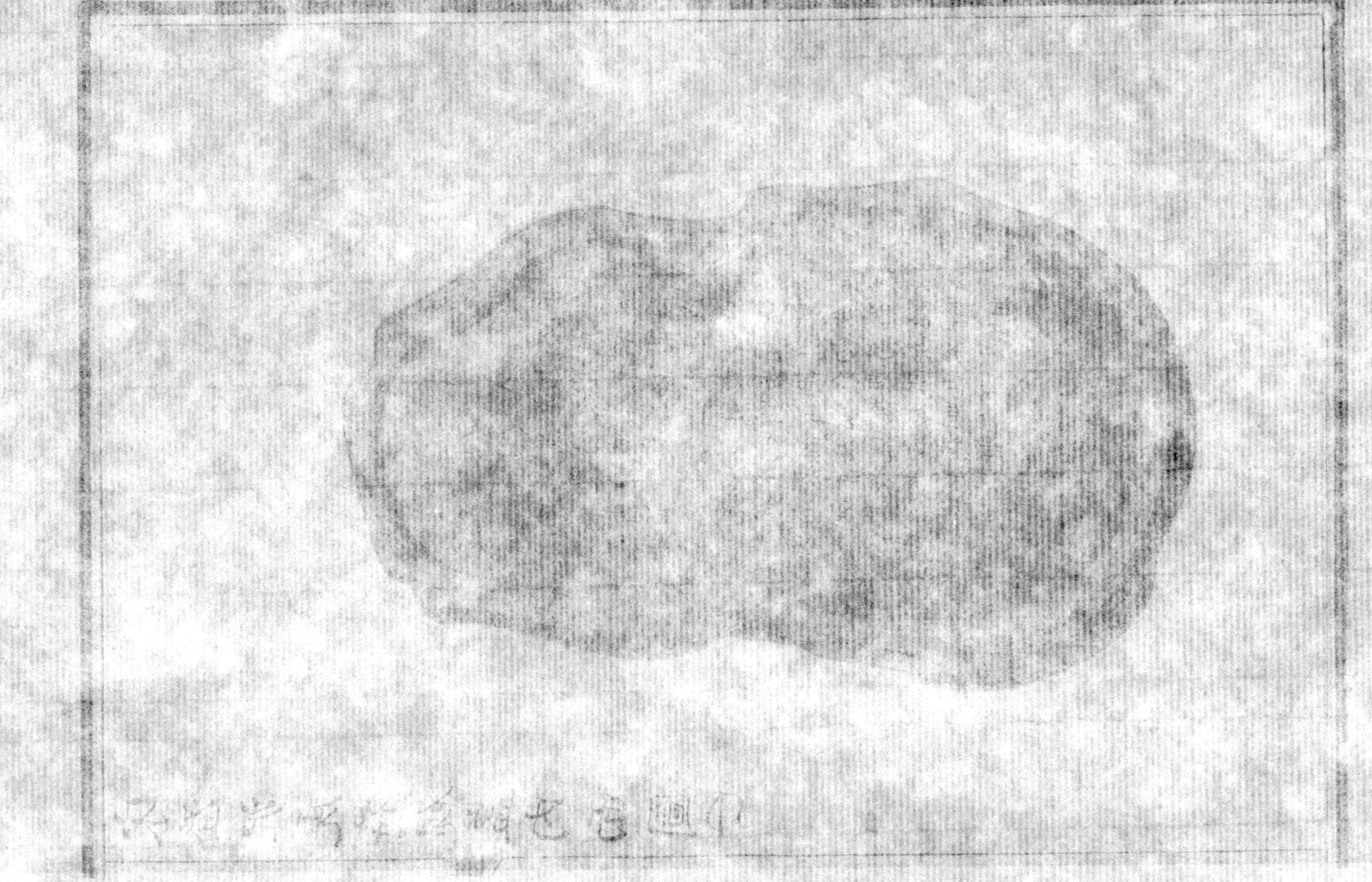

宋澄泥虎符硯盖内面圖（一）

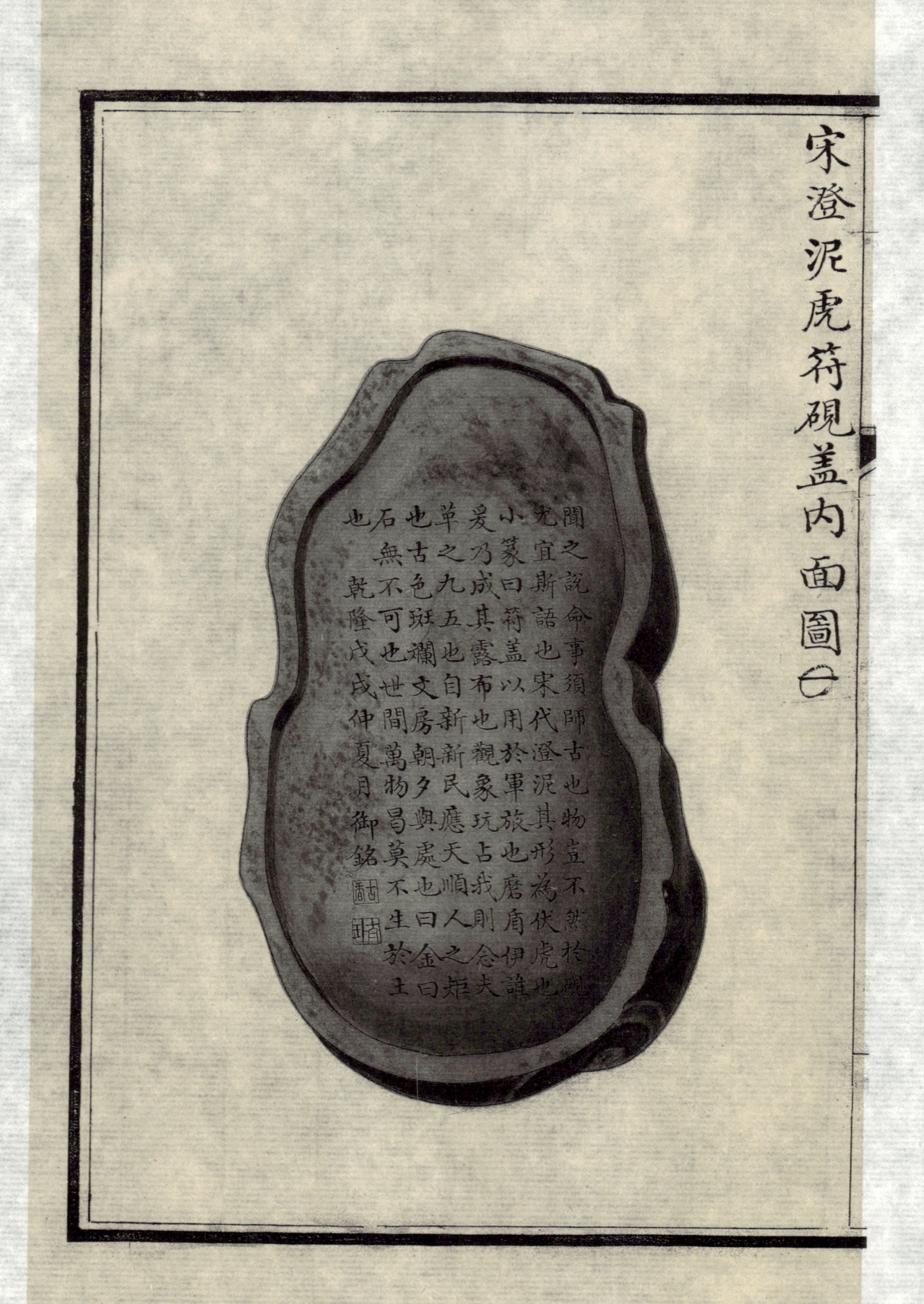

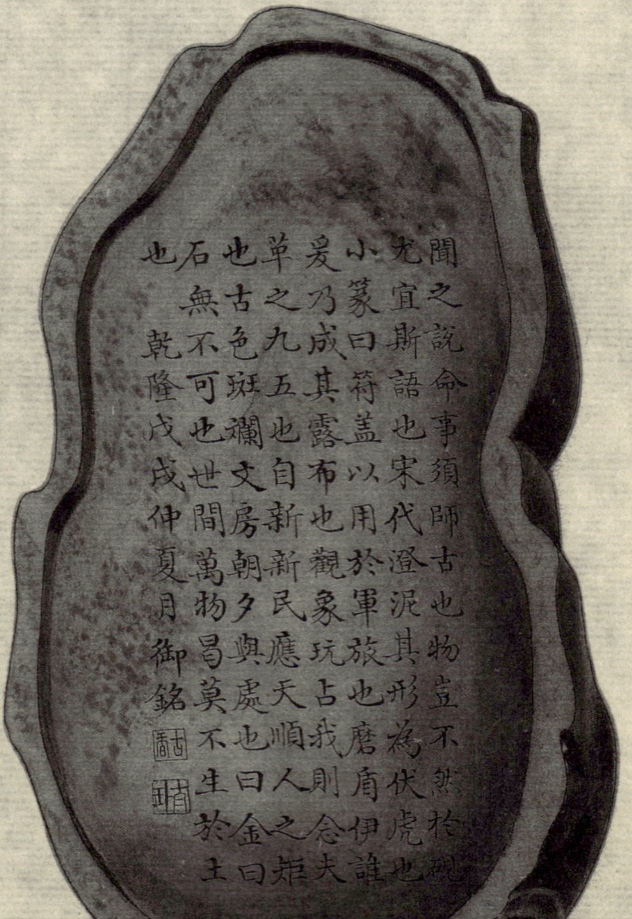

聞之說命事須師古也物豈不然於硯尤宜斯語也宋代澄泥其形為伏虎也小篆曰符蓋以用於軍旅也磨盾伊誰爰乃成其露布也觀象玩占我則念夫革之九五也自新新民應天順人之矩也古色斑斕文房朝夕與處也曰金曰石無不可也世間萬物曷莫不生於土也

乾隆戊戌仲夏月御銘

宋蕉林鳳蓮澄泥硯說

硯為風字式高四寸上寬二寸六分下寬三寸一

分厚八分宋澄泥製質理而細淡黃色澄泥以上

品也受墨處斗入墨池深四分許墨鏽深裹遍

剝蝕右側鐫南軒老人寫經硯七字隸書硯背下

半刓缺不全覆手兩旁自上直跨下兩跗鐫几五

分許中鐫

御題詩一首楷書鈐寶二曰會心不遠曰德充符匣蓋

宋張栻寫經澄泥硯説

硯爲風字式高四寸上寬二寸六分下寬三寸一分厚八分宋澄泥製質輕而細淡黄色澄泥之上品也受墨處斗入墨池深四分許墨鏽深裏徧體剥蝕右側鐫南軒老人寫經硯七字隸書硯字下半刓缺不全覆手兩旁自上直勒下兩跗離几五分許中鐫

御題詩一首楷書鈐寶二曰會心不遠曰德充符匣蓋

宋[illegible]圖

宋張栻寫經澄泥硯背面圖

南軒曾是友龍賓師
事胡宏授受真治郡
立朝多實踐空言道
學豈其人
乾隆戊戌御題

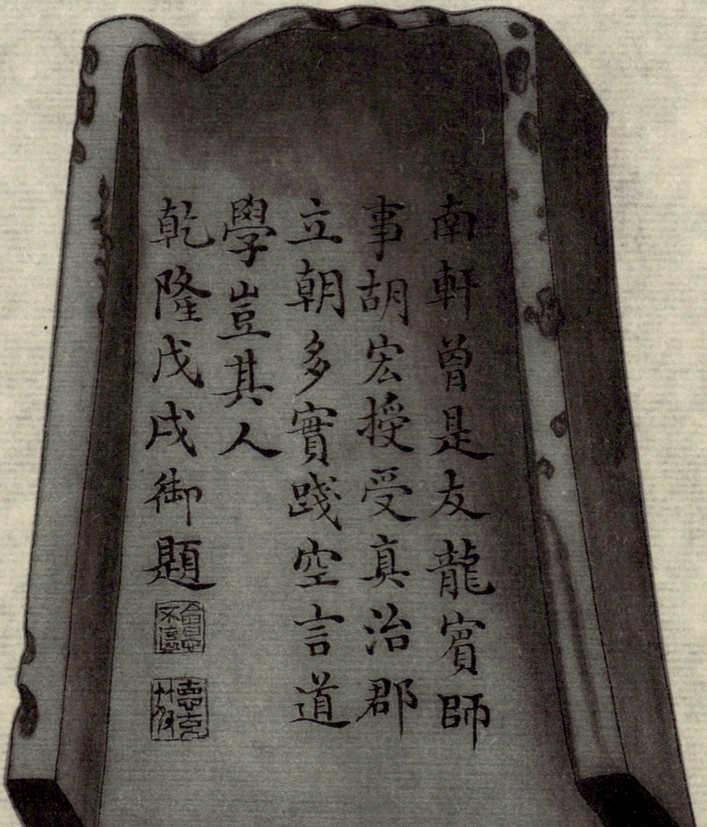

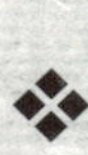

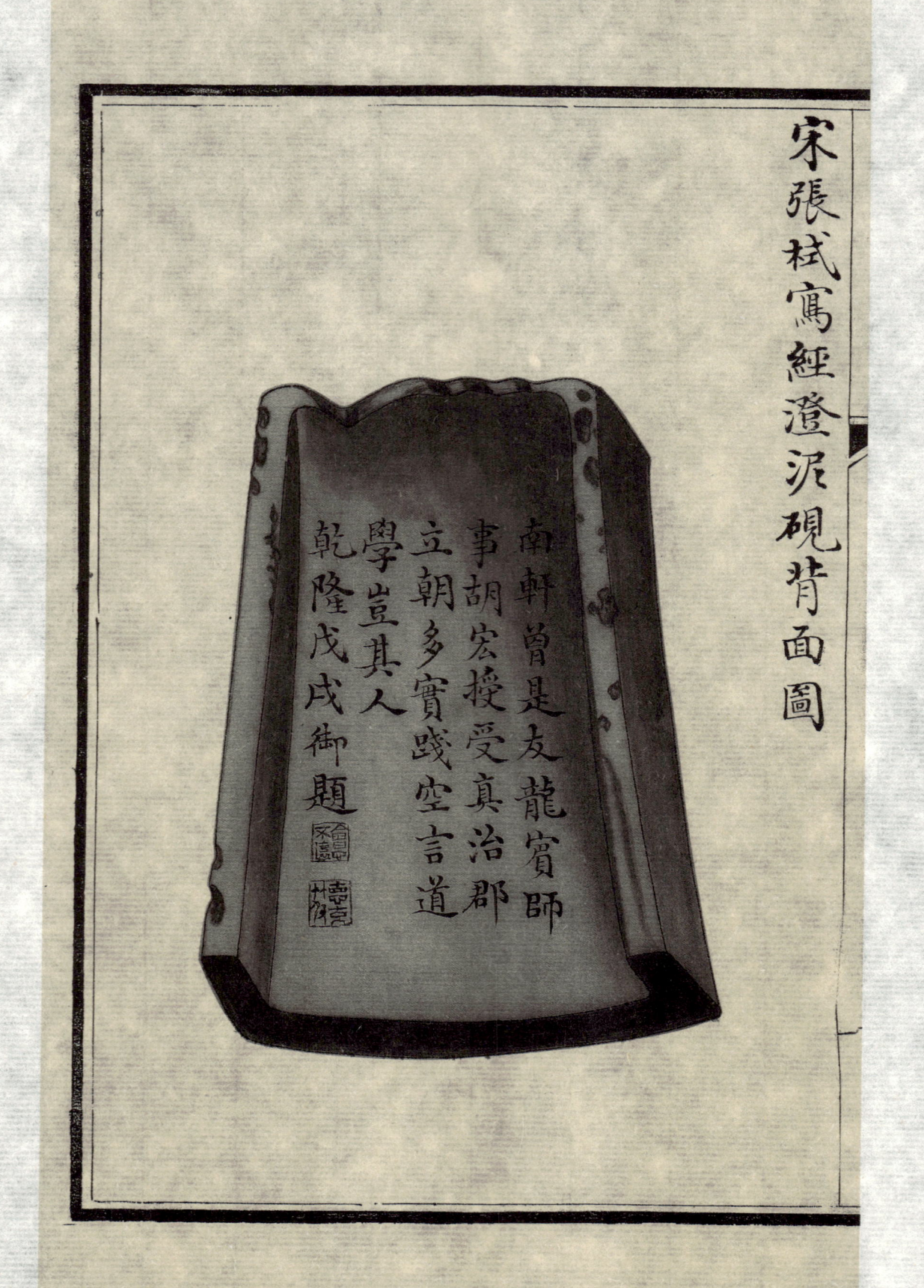

何[illegible]得人[illegible]

[illegible]未[illegible]文[illegible]也

[illegible]古人乎

[illegible]

大[illegible]

[illegible]是[illegible]不[illegible]之[illegible]

[illegible]言[illegible]

臣汪由敦詩　綈几揮毫心手和宋時尺璧愛詩磨濕涵雨氣龍鱗片潤浥寒芒鴝眼波毛穎舊傳陶是友雲仙漫詫墨爲娥金聲玉德蒼顏古長沐

榮光

帝作歌

臣梁詩正詩　良工舊製出延和

宣示依然瑩不磨鳳味相看齊拱璧龍文宛在識迴波

似從滴露添餘潤起有涵星照影娥閱世今知遭

改鑄

方鐫臣蔣溥臣汪由敦右方鐫臣梁詩正臣劉統勳恭和詩各一首俱楷書是硯淘煉精良堅潤如石閱代既久墨光可鑑篆刻亦極古秀洵推陶友上乘

畢詩内繡經作鐵　尚未改

玉改瑎　今已改

宋宣和澄泥硯背面圖

澄泥貢硯識
宣和小篆分明
勒未磨撫不
手留質古睽
教心濬色春
波出陶底異
銅臺瓦受墨
偏宜棐几娥
温室餘閒常
命什勅幾惟
覺藝賡歌
乾隆御題

良工舊製出延和
宣示依然瑩不磨鳳咮相看
齊拱璧龍文宛在識迴波似
從滴露添餘繡起有滋星照
影娥閲世今知遭際好千秋
長得奉
宸歌　臣梁詩正恭和

以陶代石土膏和宋製流傳妙
琢磨金錫同堅留古暈蚌珠比
潤法像波武朱蒼璧浮星彩浩
向清池映月娥長佐揮毫
天藻麗紫雲舊句漫成歌　臣劉統勳

幾度叢臺滌水和流傳古賁
未消磨西清識篆猶青汗東
辟分箋自衍波半沿春泉宜
靜友一圭賦玉薦雲娥
宸章爍霎烟光浥不殺端州
石硯歌　臣蔣溥恭和

綈几揮毫心手和宋時尺壁
愛詩磨濕潘雨氣龍麟片潤
浥寒芷鴝眼波毛穎舊傳陶
是友雲仙漫詫墨為娥金聲
玉德蒼頡古長沐紫光
帝作歌　臣汪由敦

墨詩内綉字作鏽尚未改

玉改瑪 令改

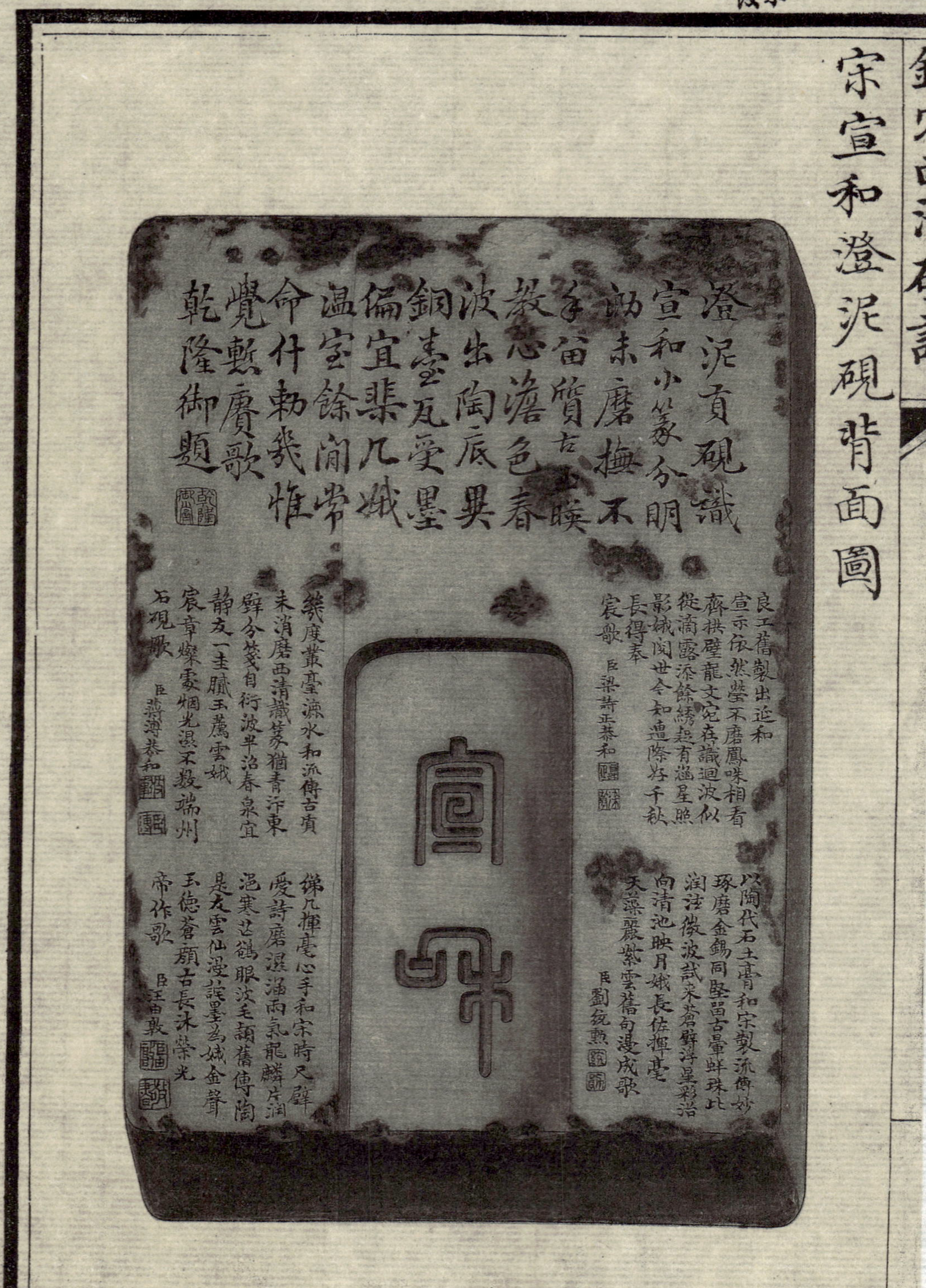

欽定西清硯譜

宋宣和澄泥硯背面圖

澄泥貢硯識宣和小篆分明勒未磨撫不手留質古曦教心潞色春波出陶宬異銅臺瓦受墨偏宜棐几娥温室餘閒常命什勒幾惟覺慚賡歌 乾隆御題

良工舊製出延和宣示依然瑩不磨鳳咮相看齊拱璧龍文究存識迴波似從滴露添餘綉起有溢星照影娥閒世今知遭際好千秋長得奉宸歌 臣梁詩正恭和

以陶代石土膏和宋製流傳妙琢磨金錫同堅留古暈蚌珠比潤法徵波試來蒼璧浮星彩浴向清池映月娥長佐揮毫天藻麗紫雲舊句漫成歌 臣劉統勳

幾度叢臺漉水和流傳古貢未消磨西清識篆猶青汴東辟分箋自衍波半沿春泉宜静友一圭賦玉薦雲娥宸章爍零烟光混不殺端州石硯歌 臣蔣溥恭和

錦几揮毫心手和宋時尺壁愛詩磨濕涵雨氣龍鱗片潤浥寒芒鵒眼波毛穎舊傳陶是友雲仙漫說墨為娥金聲玉德蒼頡古長沐榮光帝作歌 臣汪由敦

欽定西清硯譜

宋澄泥虎符硯四

宋澄泥石函硯一　重華宮

宋澄泥石函硯二　尋沿書屋

宋澄泥石函硯三

宋翠濤硯　乾清宮

宋方井硯　乾清宮